Music and Theatre in France
in the 17th and 18th Centuries

AN AMS REPRINT SERIES

LETTRES

SUR

L'OPERA.

AMS PRESS, INC.
NEW YORK, N.Y.

LETTRES

A MADAME

LA MARQUISE DE P....

SUR

L'OPERA.

A PARIS,

Chez D I D O T, Quay des Augustins, près le
Pont Saint Michel, à la Bible d'Or.

M. DCC. XLI.

Avec Approbation & Privilége du Roy.

Library of Congress Cataloging in Publication Data

[Mably, Gabriel Bonnot de] 1709-1785.
  Lettres à Madame la marquise de P. sur l'opéra.

  (Music and theatre in France in the 17th and 18th centuries)
  Addressed to Madame de Pompadour.
  Reprint of the 1741 ed. published by Chez Didot, Paris.
  1. Opera, French—History and criticism. I. Pompadour, Jeanne Antoinette Poisson, marquise de, 1721-1764. II. Title. III. Series.
ML1727.3.M11   1978   782.1'0944   76-43925
ISBN 0-404-60169-3

First AMS edition published in 1978.

Reprinted from the edition of 1741, Paris, from an original in the collections of the Boston Public Library. [Trim size and text area of the original has been slightly altered in this edition. Original trim size: 9.8 x 15.8 cm; original text area: 3.5 x 9.2 cm.]

AVERTISSEMENT

DE L'EDITEUR.

LEs Lettres qu'on don-
ne au Public, ont été
écrites, il y a déja quelques
années, à une Dame aussi
connuë par l'étenduë de ses
connoissances, que par la justesse de son goût & l'agrément de son esprit. Je sçais
combien son nom seroit propre à assûrer le succès d'un
Ouvrage qu'elle avoit adop-
té, & où elle retrouvoit tous
ses sentimens; mais il ne m'est
pas permis de la nommer, &

je dois même poußer la fidélité juſqu'à me défendre d'é-
baucher ſon Eloge. Ce ſe-
roit trahir mon ſecret, que
de parler des qualités rares
& ſingulieres qui lui ont mé-
rité l'eſtime & le reſpect de
toutes les perſonnes qui ont
eu le bonheur de la connoître.

La maiſon de Madame la
Marquiſe de P.... étoit le
rendez-vous de tout ce qu'il
y avoit à Paris de gens dis-
tingués par leur mérite. C'eſt
dans cette Société que le
mauvais ſuccès d'un *Ballet*
nouveau donna occaſion de
parler de l'Opera. Voici

comme Madame de P....
rend elle - même raison de
cette conversation, en écrivant à l'Auteur de ces Lettres. « Il y a, lui dit-elle,
» cinq ou six jours qu'on
» nous donna........ & l'on
» fit hier l'honneur à cet in-
» fortuné Opera de s'en en-
» tretenir chez - moi. Tout
» le monde convenoit affez
» franchement qu'il avoit eu
» le fort qu'il méritoit, lorf-
» que le *Grand-Abbé* affecta
» de ne parler que de la fté-
» rilité, du mauvais goût, ou
» des bévûës du Muficien. Je
» conviens bien que la Mu-
» fique de........ n'eft pas

» bonne, car il ne faut flat-
» ter perfonne; mais je crus
» entrevoir dans les Réfle-
» xions de l'Abbé, je ne fçais
» quoi de fingulier, qui me
» força à lui dire que les *pa-*
» *roles* n'avoient pas mal con-
» tribué à la mauvaife humeur
» du Parterre. Sans me con-
» tredire, fa réponfe étoit fai-
» te fur un ton tout-à-fait pro-
» pre à fervir de fignal à un
» combat. Au gré de Mon-
» fieur l'Abbé , les paroles
» de .... font extrava-
» gantes, mais ce n'eft point
» une chofe particuliere à cet
» Opera ; tous les Poëtes Ly-
» riques ont conftamment

» fait tout ce qu'il falloit pour
» se faire siffler, & la diffé-
» rence de leur succès n'est
» dûë qu'aux talens du Mu-
» sicien plus ou moins habi-
» le qu'ils se font associé.

 » Avoüez que ce parado-
» xe est bien outré. Je com-
» mençai par faire l'Eloge
» de Quinault, & je préten-
» dis ensuite qu'il auroit été
» impossible à Orphée & à
» Lulli de faire de bonne
» Musique sur les paroles de
» notre dernier Ballet. La
» question devint générale ;
» l'Opera fut traité de mons-
» tre, de folie Italienne ; à
» peine voulut - on lui per-

» mettre d'être un Concert
» agréable. Je ne veux point
» vous répéter tout ce que
» dit le Grand-Abbé. Ce fu-
» rent des blasphêmes dont
» je prétends lui faire faire
» amende-honorable un Qui-
» nault à la main. Je me sou-
» viens que nous avons dit
» autrefois des choses assez
» raisonnables sur l'Opera.
» Ecrivez tout cela pour con-
» fondre notre adversaire.
» Dans la conversation on
» n'avance point. Une plai-
» santerie le tire toujours
» d'affaire, & je n'ai ni la
» patience, ni le sang-froid
» nécessaires pour ne point

» m'égarer avec lui dans des
» digreſſions après leſquel-
» les perſonne n'a ni raiſon
» ni tort. N'allez pas faire le
» pareſſeux, je ne m'embar-
» raſſe point de la peine que
» je vous donne ; je veux
» une Poëtique dans les ré-
» gles, &c.»

Monſieur de M.... étoit au
Château de Cerville quand
il reçut cette Lettre. Il en fit
part à une nombreuſe com-
pagnie dont les ſentimens
furent partagés, & chacun
ſelon ſon goût ou ſes préjugés, prit parti pour ou contre l'Opera. Monſieur de M....
profita de cette diviſion, &

obéit à Madame la Marqui-
fe de P.... en lui rendant
compte des converfations
dont il fut témoin fur cette
matiere. C'eft ce qui a répandu fur cet Ouvrage un
agrément qu'il n'auroit point
eu, fi l'on n'avoit fongé qu'à
faire un Traité méthodique
fur l'Opera.

Ces Lettres ont été lûës
par plufieurs perfonnes de
goût, qui ont fouvent preffé
Madame de P.... de les laif-
fer imprimer ; mais elle n'y
voulut jamais confentir. Elle les regardoit comme un
dépôt, & elle auroit cru le
violer en allant contre les

intentions d'une personne qui ne pensoit point que ce qui sortoit de sa plume, fût digne de paroître au jour.

Il seroit inutile de dire comment ces Lettres sont tombées entre mes mains. Je ne m'arrêterai même point à blâmer, suivant la méthode ordinaire des Editeurs, la modestie outrée de mon Auteur, ni à faire l'éloge de son Ouvrage. Quand des loüanges de ma part ne seroient point suspectes, elles seroient du moins inutiles : on sçait bien qu'un homme un peu sensé ne fait jamais imprimer un Ouvrage sans croire qu'il peut mériter le suffrage des Lecteurs. Mais ce que je puis dire sans flaterie, c'est que si le Public goûte ces Lettres, c'est-à-dire, s'il en trouve les idées justes, on lui fait un présent très-utile, & qui contribuera à augmenter son plaisir, en rendant plus parfait un des plus agréables Spectacles.

Après le succès constant que l'Opera a eu en France, depuis que Perrin & Cambert donnerent à la Cour plusieurs Représentations d'une Pastorale de leur Composition, il est étonnant qu'au-

cun Ecrivain ne ſe ſoit aviſé de chercher les régles de
ce Spectacle, où Monſieur
Quinault, car il faut l'a-
voüer, a plûtôt réuſſi par la
force de ſon génie, que par
le ſecours de ſes méditations
ſur ſon Art. Cette négligen-
ce eſt d'autant moins par-
donnable que nous ne man-
quons ni de réflexions, ni
même de Poëtiques dans
les régles, ſur des Poëmes
beaucoup moins importans.
Il ſemble que l'autorité de
Monſieur Deſpréaux en ait
impoſé à tout le Public. On
a cru qu'un Opera, ſi je puis
parler ainſi, ſe faiſoit au ha-

zard, & que tout le talent d'un
Poëte Lyrique étoit de sçavoir coudre les uns aux autres quelques mots de ten-
dreſſe, d'où il réſulte un
lieu commun ſur le plaiſir
ou ſur le danger d'aimer. On
ſeroit étonné ſi, pour prouver combien cette erreur eſt
étenduë, je voulois rapporter les paſſages de différens
Auteurs, d'ailleurs diſtingués
dans la République des Lettres, qui ont parlé de l'O-
pera ſur le même ton que
Monſieur Deſpréaux.

Ce préjugé eſt injuſte, &
ce qui doit principalement
engager à le détruire, c'eſt
qu'il

qu'il a détourné plusieurs Poëtes du premier Ordre de travailler pour l'Opera. De-là le peu de progrès de notre Poësie Lyrique depuis Monsieur Quinault; nos Poëtes ont marché servilement sur ses traces, & sans l'égaler dans ses beautés, ils ont copié ses défauts.

Si mon Auteur s'est trompé dans ses Réflexions, on pourra même profiter de ses erreurs. Il n'y a que le silence qui s'oppose aux progrès des Arts; ces Lettres donneront occasion de réfléchir & de découvrir la vérité. L'Opera a plusieurs ré-

gles qui lui font communes
avec les autres Poëmes Dra-
matiques, & je dois avertir
le Lecteur qu'il ne doit pas
s'attendre à trouver dans cet
Ouvrage de longs détails
fur cette partie. Il feroit
inutile de lui remettre fous
les yeux, ce qu'on trouve
déja dans mille autres Livres
qui font entre les mains de
tout le monde; mais, com-
me le fait entendre Mon-
fieur de M.... lui-même dans
fes Lettres, il auroit été ridicule qu'en écrivant pour
des perfonnes qui connoiffoient parfaitement le Théâtre, il ne fe fût pas borné

aux chofes qui font particulieres à l'Opera. J'ai ajoûté
quelques notes à ces Lettres,
tantôt dans le deffein d'ap-
puyer les idées de mon Auteur par quelque autorité , &
tantôt pour répandre de la
lumiere fur des endroits où
des Lecteurs moins inftruits
que Madame de P.... au-
roient pû trouver de l'obf-
curité.

APPROBATION.

J'AI lû par ordre de Monſeigneur le Chancelier, un Manuſcrit qui a pour titre : *Lettres à Madame la Marquiſe de P.... ſur l'Opera* ; cet Ouvrage, par un grand nombre de Réflexions qu'il renferme, ainſi que par la maniere dont ces Réflexions ſont expoſées, m'a paru très-digne de l'impreſſion. A Paris ce 20 Juin 1741.

DEMONCRIF.

PRIVILEGE DU ROY.

LOUIS PAR LA GRACE DE DIEU, ROI DE FRANCE ET DE NAVARRE : A nos amez & féaux Conseillers, les Gens tenans nos Cours de Parlement, Maîtres des Requêtes ordinaires de notre Hôtel, Grand-Conseil, Prevôt de Paris, Baillifs, Sénéchaux, leurs Lieutenans Civils, & autres nos Justiciers qu'il appartiendra. SALUT, notre bien amé FRANÇOIS DIDOT, Libraire à Paris, ancien Adjoint de sa Communauté ; Nous ayant fait supplier de lui accorder nos Lettres de Permission pour l'impression d'un Manuscrit qui a pour titre : *Lettres à Madame la Marquise de P.... sur l'Opera* ; offrant pour cet effet de le faire imprimer en bon papier & beaux caracteres, suivant la feüille imprimée & attachée pour modéle sous le contrescel des Présentes, Nous lui avons permis & permettons par ces Présentes, de faire imprimer ledit Livre ci-dessus spé-

cifié conjointement ou féparément, &
autant de fois que bon lui femblera, &
de le vendre, faire vendre & débiter
par 'tout notre Royaume, pendant le
tems de trois années confécutives, à
compter du jour de la datte defdites
Préfentes ; Faifons défenfes à tous Li-
braires-Imprimeurs, & autres perfonnes de quelque qualité & condition
qu'elles foient, d'en introduire d'impreffion étrangere dans aucun lieu de
notre obéiffance ; à la charge que ces
Préfentes feront enregiftrées tout au
long fur le Regiftre de la Communauté des Libraires & imprimeurs de Paris
dans trois mois de la datte d'icelles, que
l'impreffion de ce Livre fera faite dans
notre Royaume & non ailleurs ; & que
l'Impétrant fe conformera en tout aux
Reglemens de la Librairie, & notam-
ment à celui du dix Avril mil fept cent
vingt-cinq ; & qu'avant que de l'expofer
en vente, le Manufcrit ou Imprimé qui
aura fervi de copie à l'impreffion dudit
Livre, fera remis dans le même état où
l'Approbation y aura été donnée, ès
mains de notre très-cher & féal Cheva-

lier le Sieur DAGUESSEAU, Chancelier de France, Commandeur de nos Ordres ; & qu'il en fera enfuite remis deux Exemplaires dans notre Bibliotheque publique, un dans celle de notre Château du Louvre, & un dans celle de notredit très-cher & féal Chevalier le Sieur DAGUESSEAU, Chancelier de France, Commandeur de nos Ordres ; le tout à peine de nullité des Préfentes. Du contenu defquelles vous mandons & enjoignons de faire joüir l'Expofant ou fes ayans caufes pleinement & paifiblement, fans fouffrir qui leur foit fait aucun trouble ou empêchement. Voulons qu'à la Copie defdites Préfentes qui fera imprimée tout au long au commencement ou à la fin dudit Livre, foi foit ajoutée comme à l'original. Commandons au premier notre Huiffier ou Sergent, de faire pour l'exécution d'icelles tous Actes requis & néceffaires, fans demander autre permiffion, & nonobftant clameur de Haro, Charte Normande & Lettres à ce contraire. CAR tel eft notre plaifir. DONNE' à

Paris le quatriéme jour du mois d'Août, l'an de grace mil sept cens quarante un, & de notre Regne le vingt-sixiéme. Par le Roi en son Conseil.

SAINSON.

Registré sur le Registre X. de la Chambre Royale & Syndicale des Libraires & Imprimeurs de Paris. Nº. 521. fol. 516. conformément aux anciens Reglemens confirmés par celui du 28. Fevrier 1723. A Paris le 8. Août 1741.

Signé SAUGRAIN, *Syndic.*

LETTRES

LETTRES

A MADAME

LA MARQUISE DE P...

Sur l'Opera.

PREMIERE LETTRE.

OTRE Lettre, Ma-
dame, est venue trou-
bler le repos dont on
joüissoit ici. Depuis
huit jours le génie inquiet de la
Dissertation nous posséde ; nos
Dames n'en dorment plus, & elles s'intéressent avec tant de chaleur au sort de l'Opera, qu'elles

A

en ont presque renoncé au jeu.
N'allez pas cependant être bien
fâchée d'avoir causé de si grands
malheurs. Malgré notre repos perdu, nous devons avoir beaucoup
de reconnoissance pour vous. Sans
votre Lettre nous ignorerions ce
que nous valons, au lieu que nous
sommes tout étonnés dans nos dis-
putes de nous trouver si sçavans.
Vous avez fait percer nos talens;
nous nous admirons, nous raison-
nons à perte de vûë, & nous al-
lons jusqu'à citer des Auteurs très-
graves.

J'en fus à peine à l'article où
vous m'ordonnez de prendre la
défense de l'Opera contre les *blasphêmes* du *Grand-Abbé*, que le
Chevalier de P.... s'écria que rien
n'étoit plus raisonnable. Il promit
de m'aider, il commença par repéter vingt fois que l'Opera est un
Spectacle admirable, & continua

à en faire le panégyrique par des raisons qui seroient capables de rabaisser *l'Iliade* au-dessous de la *Pucelle*. Ce flux de raisonnemens choqua enfin la logique de N... Monsieur le Chevalier, lui dit-il assez froidement, je ne vous entends pas trop, mais à tout hazard je ne crois pas m'avanturer beaucoup, si je vous dis que votre Opera n'est point tout-à-fait aussi admirable que vous le prétendez. La contradiction irrita le Chevalier. N.... s'échauffa, & tout de suite ce furent tous les raisonnemens qu'on vous a opposés. L'Opera est un monstre qui n'a ni proportion ni vrai semblance. Ce fut une foule d'autorités ; on nous transporta des Théâtres d'Athénes sur ceux de Rome ; depuis Aristote jusqu'à Monsieur Dacier, tous les noms les plus respectables furent cités, & notre Chevalier

A ij

étoit perdu ſi par bonheur il n'eût
pas été aſſez fou pour être inébranlable dans ſon opinion. Il
prétendoit que rien n'eſt plus capable d'émouvoir & d'amuſer que
le contraſte de la danſe avec la
pitié, & que la Muſique étoit mer-
veilleuſe pour remplir le vuide
d'une Scene inutile. Tandis que
N.... rabaiſſoit ſon bon ſens juſqu'à réfuter de pareils *principes*,
toute la compagnie eut le tems,
en éclatant de rire par interva-
les, de ſonger ſérieuſement à la
matiere que vous nous propo-
ſez.

Nos deux Combattans aban-
donnerent le champ de bataille,
& il n'y eût plus qu'un ſentiment.
On jugea, Madame, que vous
avez raiſon de prendre l'Opera
ſous votre protection, & que ce
n'eſt que par préjugé que tant de
gens s'opiniâtrent à le traiter de

Spectacle ridicule. Tout bien
compté, dit Madame de C..., ,
il n'eft pas plus extraordinaire de
mourir en chantant qu'en rimant.
Atys & Armide me font pleurer,
Thétis & Pelée me ravit, Achille
& Polixéne me donne la migrai-
ne, & tout le monde penfe comme moi. Il faut bien, ajoûta-t-elle,
que quelque raifonneur en con-
clue que tous nos Opera ne font
pas mauvais, & qu'en recherchant
les caufes de notre plaifir ou de
notre ennui on peut faire des régles. N.... qui étoit fatigué du
combat qu'il avoit livré au Chevalier, n'eut pas la force de dire
qu'il ne falloit s'en prendre qu'à
la Mufique, dont les charmes
avoient féduit (a) tous les efprits,

(a) N'en déplaife, dit M. Dacier dans fes
Commentaires fur la Poëtique d'Ariftote,
aux Inventeurs des Tragédies en Mufique, on
ne pourroit fouffrir ces Poëmes auffi ridicules
que nouveaux, fi l'on avoit le moindre goût pour

& l'on convint que le succès constant de l'Opera suffit pour le justifier. En effet, par quel enchantement le Public qui juge avec tant de justesse du mérite de Corneille & de Racine au Fauxbourg saint Germain, perdroit-il le jugement en entrant au Théâtre du Palais Royal, ou s'y iroit-il ennuyer de gayeté de cœur aux représenta-

les pieces de Théâtre, ou que l'on n'eût pas été enchanté & séduit par un des plus grands Musiciens qui ayent jamais été. Bien des gens sont encore persuadés que le succès d'un Opera dépend de la seule Musique. L'Auteur du *Pour & Contre* demande dans une de ses feüilles, si c'est la bonté du Poëme ou celle de la Musique qui plait davantage au Public, & il n'ose décider cette question, dont chaque parti, dit-il, est défendu par des raisons qui lui ont paru également fortes. On sera plus hardi que lui, dès qu'on aura fait attention que Phaëton & Proserpine, dont la Musique n'est pas moins sçavante que celle d'Atys & de Thésée, fatiguent le Spectateur. La bonté du Poëme est absolument nécessaire pour assûrer un succès constant à un Opera. La Musique toute seule ne peut lui donner qu'une vogue passagere dans sa nouveatué.

tions de Quinault & de Lulli?

Nous fommes convenus autrefois, Madame, & vous vous en souvenez, que l'Opera avoit fes régles, fa juftefle, fes proportions & fa vraifemblance; mais en vérité toutes ces chofes font étrangement mal en ordre dans ma tête. Qui peut mieux que vous débroüiller toute cette matiere, & donner à la vérité les graces qui la font aimer? Songez-vous bien à ce que vous me demandez? Une Poëtique dans les régles! cela fait frémir, vous me feriez Auteur: contentez-vous, je vous prie, de ce que je pourrai attraper des entretiens de Madame de C.... & de N...., fi vous le voulez, je prendrai quelquefois la liberté d'y joindre mes penfées, au hazard de tout gâter.

Les Italiens qui fortirent les premiers de l'ignorance où l'Europe étoit plongée, lurent chez les Anciens qu'on chantoit les Tragédies de Sophocle & d'Euripide, & qu'elles étoient même coupées par des danses. Aristote, & quelle autorité ! avoit dit en termes formels que le chant & la danse faisoient partie de la Tragédie. On ne sçavoit point encore que ce chant n'étoit qu'une déclamation (*a*) semblable à la nôtre, & que par la danse on devoit entendre l'art des gestes. Les Italiens d'ailleurs pleins d'imagination, & plus sensibles que nous au plaisir de l'harmonie, ne furent point choqués que l'Œdipe de Sophocle & les Euménides d'Eschile eussent été chantés. Peu délicats sur l'assemblage des ornemens, un tambourin ne leur au-

------

(*a*) C'est M. l'Abbé du Bos qui a fait cette découverte. Voyez sa Dissertation sur les représentations Théatrales des Anciens.

roit point paru effrayant au milieu
de la Scene la plus pathétique. La
Tragédie toute feule plaît ; la Mufique par elle-même n'eft pas moins
agréable ; quelle difficulté peut-on
trouver à les affocier ? En falloit-
il davantage pour des Italiens ?
C'eft ainfi qu'ils avoient déja fait
un mêlange mal afforti du Comique & du Tragique, & qu'Arlequin
étoit devenu un perfonnage d'affez grande importance pour fervir de confident au Héros le plus
grave de l'antiquité. En un mot,
Madame, je foupçonne que les Italiens en croyant imiter les Anciens, créerent un Spectacle tout
nouveau.

Quoiqu'il en foit, ce n'eft jamais chez les Inventeurs des arts
qu'on doit en chercher les régles.
Tous les commencemens font in-
formes & groffiers. La Tragédie
étoit bien peu de chofe fous *Thef-*

pis, ou quand nos bons ayeux joüoient la *Paſſion* & les *Saints*. Se ſeroit-on jamais imaginé que des farces auſſi miſérables euſſent été ſuivies de Cinna, de Phédre, de Polieucte, de Rodogune & d'Atalie? L'Opera aura le même ſort. Il faut convenir que ce fut d'abord en Italie quelque choſe de fort extravagant, & qu'en le tranſportant en France, on reſpecta religieuſement tous ſes ridicules. Ce n'étoient pas des Poëmes ſuivis, mais des Vers couſus ſans deſſein, & qui ne formoient point une action. Tout étoit plein d'équivoques groſſieres & de jeux de mots. *Pomone* (*a*) malgré ces im-

(*a*) Paſtorale joüée à Paris au mois de Mars 1671. elle fut repréſentée pendant huit mois entiers. Les paroles ſont de Perrin, & la Muſique de Cambert. On voit dans cet Opera des *Bouviers* qui parlent un langage vraiment digne d'eux. Rien n'eſt quelquefois plus indécent que la groſſiereté du dieu des Jardins. La Paſtorale de Gilbert, dont la Muſi-

pertinences, & la Paftorale de
Gilbert, eurent un fuccès prodi-
gieux. Quinault entra bientôt dans
la carriere, il s'ouvrit une route
nouvelle, & fit entrevoir des étin-
celles de fon génie dans Cadmus
& dans Alcefte. Ces deux piéces,
quoique défigurées par un mêlange monftrueux de Tragique & de
Comique, permirent d'efpérer un
Spectacle régulier & intéreffant.

C'étoit certainement un beau
génie que Quinault, il s'eft élevé
bien au-deffus des Italiens. Ses
fujets font mieux choifis, & mieux
ordonnés. Il avoit compris qu'il
devoit proportionner fes forces à
celles du Muficien, & ne lui offrir
que des beautés qu'il pût rendre.
Ses ornemens font prefque toujours imaginés & diftribués avec

que eft encore de Cambert, eft intitulée *Les
peines & les plaifirs de l'Amour.* Quoique bien
au-deffus de Pomone, elle ne laiffe pas d'ê-
tre un ouvrage fort mauvais.

fageffe, fes peintures font naïves,
& l'élegante moleffe de fon ftile
n'en altére jamais la fimplicité.
Mais quoiqu'il ne fe doive peut-
être jamais trouver de Poëte qui
l'égale dans fes beautés, on s'ap-
perçoit bien qu'il n'avoit pas pouffé
fon art jufqu'à la perfection. Il devoit plûtôt ce que nous admirons
dans fes ouvrages, à fon génie
naturel qu'à fes méditations. De-
là vient qu'inégal à lui-même il
marchoit quelquefois au hazard ;
ce qui a rendu Proferpine & Phaëton fi inférieurs à Atys & à Théfée.

Tel qu'il étoit, l'Opera eut un
fuccès qui lui valut bien des contradictions. Les Sçavans protef-
terent comme d'abus contre un
Spectacle dont on ne découvroit
point l'origine chez les Anciens,
& où l'on refpectoit fort peu Ariftote & fes régles ; ils prirent le

parti de s'y ennuyer. Il fut plus court de fronder l'Opera, que de rechercher les caufes du plaifir qu'on y prenoit. Les gens d'efprit donnerent le ton, & par une contradiction affez ordinaire au Public, il ne fut point affez dupe pour ne fe pas plaire à l'Opera, mais il étoit affez fot pour le trouver ridicule. Quinault a été enfin vengé des traits que Defpréaux à lancés fur lui ; on penfe aujourd'hui que c'eft un Poëte diftingué, mais parce que perfonne ne nous a donné une poëtique propre à juftifier l'Opera, bien des gens qui le loüent, ne le regardent encore que comme un homme d'efprit qui a réuffi dans un genre extravagant.

Je fis part de ces premieres idées à la compagnie, on fembla les approuver, & le Chevalier crut que je m'égarois. Il ne vouloit que

quatre mots pour prouver la bonté
de l'Opera, mais on ne s'en rap-
porta pas tout-à-fait à lui, & la
conversation prit un bon tour. On
commençoit à raisonner sur la nature de nos Tragédies en Musique, lorsqu'on entendit le bruit
d'un équipage. C'étoient Madame
de S.... & sa sœur : tout fut interrompu. N.... profita du désordre
que causent les premiers complimens pour me tirer à part ; & les
propos qu'il me tint, sont assez
curieux pour mériter de vous être
écrits.

Vous ne badinez donc plus,
me dit-il fort sérieusement, ne
voyez-vous pas que l'Opera n'est
fait que pour les yeux & pour les
oreilles, que l'asserviffement à la
Musique y rend nécessaires toutes
les extravagances imaginables, &
que l'esprit doit être content lorsqu'un Pas-de-deux est agréable à la

vûë, & que par hazard un Dialogue un peu touchant eſt accompagné d'une Muſique tendre ? Il
faut que vous ſoyez bien malheureux pour aller chercher de la perfection dans l'Opera. Je ne pus
m'empêcher de ſourire à ce diſcours, & N.... ne me le pardon-
na pas. Non, non, pourſuivit-il
avec plus de chaleur, on n'a plus
ni goût ni bon ſens. Je n'en ſuis
pas ſurpris, le ſiécle qui avoit produit les Horaces & les Virgiles,
fit place au ſiécle des Senéques,
des Lucains & des Martials. Dès
que le goût eſt parvenu à un certain degré de perfection, il faut
qu'il dégénére, & grace à notre
folle légereté, le malheur eſt toujours plus inévitable en France
que partout ailleurs. Adieu les
Corneilles, les Racines, les Mo-
liéres ; nous n'aurons plus que
des.......... nous avions à pei-

ne approché des Anciens en mar-
chant fur leurs traces, que dégoû-
tés du beau, il nous a fallu aller
chercher en Italie un Spectacle
ridicule. On veut fe faire une route nouvelle; on s'écarte de la nature pour courir après l'esprit; on
méprise le bon fens; on appelle
génie les tranfports d'une imagination déreglée. La fimplicité ne
touche plus, il faut du brillant,
on le cherche, on s'égare, & après
bien des peines on ne trouve que
du puéril & du ridicule. N'êtes-
vous pas de ces gens, continua-t-il
en changeant de ton, qui veulent
profcrire toutes les régles du
Théâtre? Ces petits tyrans efcor-
tés d'une foule de paradoxes, croiroient avoir fait une piéce fort
fenfée en promenant d'Acte en
Acte Coriolan (a) de Rome à An-

_____

(a) M. de la Motte croyoit toutes les unités inutiles, & il a fait dans fes difcours fur la

tium

tium, & il ne leur faut pas moins
que toute la vie d'un grand homme pour remplir cinq Actes.

Oh ! pour cela, lui répondis-je
par une mauvaife plaifanterie, ce
feroit trop manquer de refpect à
Coriolan, & il eft bien jufte qu'u-
ne feule action d'un Héros de
l'antiquité fuffife pour occuper des
Modernes comme nous pendant
trois heures. N.... s'imaginoit,
Madame, que j'en voulois à fon
Ariftote, & que j'approuve l'Opera
tel qu'il eft ; mais vous penfez bien
que je ne le laiffai pas long-tems
dans cette erreur. Ce Spectacle,
lui dis-je, eft encore à fa naiffan-
ce, & pourquoi croyez-vous qu'il
y eût fi peu de bon fens à vouloir
le rendre régulier ? Un second
Quinault l'auroit fait ; mais fes
fucceffeurs n'ont point eu fon gé-

Tragédie, le plan d'un Coriolan où il fait entrer toute la vie de ce Héros.

                              B

nie. Sans égaler ſes beautés, ils
ont pris tous ſes défauts. On en
a fait même des eſpéces de régles que l'habitude & la pareſſe
ſemblent avoir conſacrées. Bien
des gens ſe ſont enfin imaginé
qu'Alceſte & que Perſée ſont conſ-
truits comme ils devoient l'être,
& qu'il ſeroit ridicule d'y exiger
la régularité qui charme ſur un autre Théâtre.

N.... parut aſſez content de
tout cela, mais il ne laiſſa pas de
me faire entendre avec politeſſe
que j'étois de ces fous qui ont
quelques bons momens. J'en ris
avec lui, & il reprit bien vîte ſon
diſcours. Il avoit de la peine à me
concilier avec moi-même. Vous
m'échappez, me dit il, lorſque je
crois vous tenir. Cependant rai-
ſonnons de bonne- foi, ſi vous
prétendez que l'Opera puiſſe devenir un Spectacle régulier, ne

faut-il pas vous aſſervir aux mêmes
régles que la Tragédie & la Comédie ? Je vois là des unités qui
vous chagrineront beaucoup. Il
faut vous broüiller avec le merveilleux , & vous aſſujettir aux
bienféances. Quand vous pour-
riez raſſembler dans vos Poëmes
tout ce qui eſt néceſſaire pour faire naître cette douce illuſion qui
fait le plaiſir du Théâtre , & pour
laquelle toutes les régles ſont faites , avoüez franchement qu'elle
feroit bientôt détruite par la Muſique.

N.... continua à raiſonner ſur
la néceſſité de l'illuſion. Il me dit,
Madame , ce que je vous ai oüi
dire cent fois , que rien n'eſt ſi
triſte que d'aſſiſter à une Comédie
où la mal-adreſſe d'un Poëte &
d'un Acteur rappelle continuellement au Spectateur qu'il ne ſe
paſſe rien de réel ſous ſes yeux.

L'esprit ne se peut occuper de chi-
méres ; la vérité seule a droit de
plaire & d'attacher, & la Fable
même en doit prendre le masque.
Enfin , rien n'est plus affligeant
pour une personne qui lit un Roman , que de penser qu'on ne lui
conte que des fictions ; cette idée
est capable de faire tomber des
mains la *Princesse de Cleves*

J'ai assez profité de vos réflexions pour ne m'être point laissé
effrayer par tout ce discours. Tant
que vous aurez raison , répondis-
je à N...., ne craignez point que
je vous contredise. L'illusion est
absolument nécessaire pour former un Spectacle raisonnable &
intéressant ? Je ne vois pas de mal
à cela. Certainement ce qui con-
tribue le plus à faire naître l'illusion , ce sont les trois unités ; &
bien il faut vous les passer. Ces
paroles rendirent mon adversaire

muet. Effectivement, pourfuivis-
je en augmentant fa furprife, la
duplicité d'action fur le Théâtre du Palais Royal, ne doit pas
moins partager l'intérêt & l'attention qu'au Théâtre François, ni
produire par conféquent un moins
mauvais effet en laiffant refroidir
le Spectateur.

Quoique l'Opera foit le pays
des Fées, il faut encore y adop-
ter l'unité de lieu. Je vous avoüe
que je fuis auffi délicat que vous,
je n'aime point à voyager (*a*)
d'Yolcos à Scyros. Jamais je n'ai
pû voir Ifis fans être auffi fatigué
du Spectacle que fi j'avois été de
toutes les courfes de cette Déeffe;
& lorfqu'Armide abandonne l'ifle
enchantée du fecond Acte , &
qu'elle ordonne aux Démons de
la tranfporter avec fon Amant au

____

(*a*) Dans Alcefte la Scene du premier Acte
eft à Yolcos , & celle du fecond à Scyros.

bout de l'univers, je suis tout sur-
pris de m'y trouver avec eux. La
vraisemblance est blessée. Je suis
obligé de raisonner, & c'est un
coup mortel pour l'illusion qu'un
raisonnement. Un Poëte doit me
ravir l'usage de mon esprit & de
mes sens, pour ne m'occuper que
de mes passions.

Je sçais bien, continuai-je, qu'il
est difficile qu'une même Sale
puisse être le seul lieu de la Scene, & qu'un asservissement rigou-
reux à cette régle feroit perdre
bien des beautés ; mais je voudrois
du moins que l'Auteur ne prît pas
la peine de nous avertir par des
changemens de décorations que
la Scene (a) change. Je suis fâché

(a) *Pour rectifier en quelque façon la duplicité de lieu, quand elle est inévitable, je voudrois qu'on fît deux choses. L'une, que jamais
on ne changeât dans le même Acte, mais seulement de l'un à l'autre, comme il se fait dans
les trois premiers de Cinna ; l'autre, que ces deux*

qu'on puisse reprocher à une nation qui se pique autant de bon
goût, & surtout de régularité que
la nôtre, un usage grossier qui
semble nous replonger dans la
barbarie de nos peres, & faire croire que nous préférons le plaisir des
yeux à celui de l'esprit. Nos Poëtes ne raisonnent pas, ils n'ont
point encore songé à faire un tout
régulier, & je me trompe fort ou
plusieurs de nos Faiseurs d'Opera

lieux n'eussent pas besoin de diverses décorations, & qu'aucun des deux ne fût jamais nom-
mé, mais seulement le général où tous les deux
font compris, comme Paris, Rome, &c. Cela
aideroit à tromper l'Auditeur, qui ne voyant
rien qui lui marquât la diversité des lieux, ne
s'en appercevroit pas, à moins d'une réflexion
malicieuse & critique, dont il y en a peu qui
foient capables, la plûpart s'attachant avec chaleur à l'action qu'ils voyent représenter. Le plaisir qu'ils prennent, est cause qu'ils n'en veulent
pas chercher le peu de justesse pour s'en dégoûter;
& ils ne le connoissent que par force, quand
il est trop visible, comme dans le Menteur, &
la Suite où les différentes décorations font reconnoître cette duplicité de lieu malgré qu'on
en ait. Corneille, Dis. 3.

se sont donné bien de la peine en voulant se ménager une décoration différente à chaque Acte.

Pour l'unité de tems, elle n'est pas moins essentielle que les deux autres. Dès que le Poëte chargera une piéce, dont la représentation ne doit durer que trois heures, de plus d'évenemens qu'il ne s'en peut raisonnablement passer dans quatre ou cinq jours, tous ces évenemens me paroîtront pressés & racourcis. Ils n'ont plus leur juste proportion; je vois l'art, ou plûtôt je suis accablé de la stérilité & de la mal-adresse du Poëte. Tout me paroît tronqué & confus; & dès que l'illusion cesse, l'intérêt disparoît & je m'ennuye.

Quoique je ne dise rien que de fort trivial, N.... cependant, Madame, m'écoutoit avec attention. Il ne doutoit point que je ne lui eusse donné des armes pour

me

me battre, & son seul embarras étoit de mettre quelque ordre dans les difficultés qu'il me vouloit proposer, & qui se présentoient en foule à son esprit. Ne sentez-vous pas, me dit-il enfin, que vos unités enleveront à l'Opera tout ce qu'il a de piquant? Si le sens commun y gagne, la Musique bien plus essentielle à ce Spectacle, y perdra; elle deviendra uniforme, fade & languissante. Je vois évanoüir toute cette pompe, tout ce Spectacle que vous allez bientôt nous faire valoir avec beaucoup d'enfase. D'ailleurs, ajoûta-t-il, pour m'en tenir à ma grande difficulté, quand vous mettriez trente unités dans vos Opera, quand vous feriez aussi scrupuleux sur les bienséances & les finesses de l'art que Racine, vous ne parviendriez point à faire naître l'illusion. La Musique la détruit. Elle porte avec

C

elle le caractere de la joye & du plaiſir, & tout héros qui fredonnera ſes ſentiments, me paroîtra toujours un héros très-peu propre à m'occuper.

Ne vous paroîtra-t-il pas ſingulier, Madame, après le début ſévere de N.... que ç'ait été à moi à lui demander graces pour les unités ? Je l'aſſûrai bien qu'elles ne rendroient jamais un Opera ennuyeux, lorſqu'elles ſeroient ménagées par un homme de génie. Je conçois, lui dis-je, qu'elles excluront quelquefois de certaines beautés, mais elles produiſent cet effet au Théâtre François, & ce n'eſt pas une trop bonne raiſon pour les en bannir. Je conviens encore que ſi Quinault n'avoit pas violé toutes les unités, la Muſique de Lulli n'auroit pas eu tant de variété. Dans Alceſte, par exemple, nous n'aurions point eu de

bruit de guerre, & le chant du quatriéme Acte n'auroit point eu un
caractere si différent de tout le
reste. Mais de bonne-foi, est-ce
là ce qui fait courir aux représentations d'Alceste? Quelque beau
que soit le Spectacle d'Hercule
aux Enfers, on sera toujours fâché, à moins que d'être un franc
Musicien, que Quinault ne nous
ait pas laissez dans ce monde-ci
pour y joüir de la douleur d'Admete.

En effet, Madame, & je vous l'ai
oüi dire, ce qui charme dans Alceste, ce sont des Scenes touchantes, où Lulli par de simples sou-
pirs a rendu la nature. Après tout,
s'il est si nécessaire que le Poëte
songe à mettre dans son Poëme
des situations qui fournissent occasion de faire paroître les divers
caracteres de la Musique, ne le
peut-on faire sans violer l'unité de

lieu ? Il suffira de donner à ses personnages des mœurs différentes sans les faire voyager. Il me paroît même qu'à force d'art un Poëte peut fort bien amener dans le lieu de la Scene, les avantures qu'il envoye chercher à ses Héros, & qu'il est presque aussi facile de transporter les Divinités célestes ou infernales sous les yeux des Spectateurs, que de nous enlever au Ciel, ou de nous faire descendre aux Enfers.

Il n'est donc pas impossible de concilier l'unité de lieu avec le Spectacle, qui est en effet un ornement nécessaire à nos Opera. Elle servira même à le rendre plus raisonnable, & nos Poëtes un peu plus génés, ne s'égareront point comme a fait Quinault dans son Isis. L'amour de Jupiter & d'Hierax pour Io, & la jalousie de Junon suffisoient pour former une

action intéressante & pompeuse.
N'est-il pas fâcheux, dis-je à N...,
que Quinault prenne le parti de
changer Hierax en Oiseau de
proye, & qu'au lieu de nous entretenir des sentimens que devoient
produire de grandes passions, il
nous fasse courir après Io dans les
glaces de la Scythie, qu'il nous
transporte chez les Chalybes &
chez les Parques, d'où enfin après
bien des fatigues, nous venons re-
lâcher sur les Côtes d'Egypte ?

Ce Spectacle est acheté trop
cherement. Cela ne s'appelle pas
mettre une action sur le Théâtre,
mais des avantures ennuyeuses.
C'est ce même défaut qui fait bâiller à Proserpine, & qui rend Phaëton si languissant. Dans ce dernier
Opera on pert à tout moment de
vûe Epaphus & Lybie, dont l'a-
mour devroit être la principale
action. Pour donner du Specta-

C iij

cle, Quinault a fait de son Héros un petit ambitieux qui indispose. Au lieu de ne songer qu'à appaiser la colere d'Isis, il va s'arrêter à une plaisanterie de son rival, oublie Lybie, & ne pense plus qu'à se faire reconnoître pour fils du Soleil.

La chose, comme vous voyez, Madame, prenoit un ton fort sérieux; & Madame de C.... vint heureusement se mêler à une conversation où il ne s'agissoit plus que de Musique & d'illusion. Soyez notre Juge, Madame, lui dis-je. Jamais je n'ai défendu d'aussi bonne cause. Après tout ce qu'on raconte du pouvoir de la Musique, ne trouvez-vous pas N.... bien hardi d'oser penser qu'elle ne peut s'allier qu'avec la joye, & qu'elle détruit l'illusion dans nos Opera? Oh! pour cela, reprit vivement Madame de C.... en m'interrom-

pant, je vous trouve, mon cher
N.... dans un terrible embarras,
& votre vénérable antiquité ne
s'eft guere fouciée de la vérité, où
la Mufique eft çapable de tout.
Orphée, continua-t-elle en badinant, ne chantoit-il pas fes malheurs fur les montagnes de Thrace.

Il faut vous rendre, ajoûtai-je,
& quelque ridicule qu'il foit de
penfer que le premier ufage que
les hommes firent du chant, ait
été pour fe plaindre, il eft certain
que cet art en fe perfectionnant,
n'eft pas devenu moins propre à
rendre les fentimens de la douleur
& de la trifteffe (a) que ceux de

(a) *Les premiers fons de voix chantante que
les hommes ayent formés, font apparemment
nés de l'oifiveté, & je veux bien croire que
le premier ufage qu'ils ayent fait enfemble, &
avec quelque regle de la faculté de chanter qu'ils
trouvoient en eux, eft dans les occafions de ré-
jouiffance ; mais depuis que le Chant a été élevé à la perfection d'un art, les hommes l'ont
employé auffi fouvent dans les fujets de trifteffe
que dans les fujets de joye. Tous les peuples ont*

la joye. Vous avez beau dire que le chant n'étant pas le langage ordinaire, doit choquer sur le Théatre où tout doit être imitation. La versification n'eſt pas davantage le langage ordinaire, cependant oſeriez - vous propoſer de la proſcrire du Théâtre ? Son harmonie cauſe un nouveau plaiſir qui ſert à attacher le Spectateur & à l'intéreſſer. Voilà comme nous ſommes faits ; ce qui flatte notre oreille, fait impreſſion ſur notre eſprit & ſur notre cœur. On écoute volontiers ce qui plaît ; no-

---

fait entrer la Muſique dans les pompes funebres auſſi bien que dans les fêtes & dans les triomphes. Cela eſt venu de ce qu'on a remarqué que la Muſique pouvoit être une imitation. Comme elle a des mouvemens fort lents ou fort vîtes & des modes tranſpoſés, elle eſt propre à imiter, quand on veut, non ſeulement le bruit des vents ou le murmure des eaux, mais encore la joye, la triſteſſe, & toutes les paſſions qui ſe diſtinguent par des accens ou des inflexions caractériſées. Differtation critique ſur l'Iliade d'Homere, Digreſſion ſur l'Opera.

tre ame devient la dupe de nos
fens, & l'on eft empreffé à croire comme vrai, ce qu'on entend
avec plaifir.

N.... voulut encore fe défendre, mais Madame de C.... le
condamna. L'illufion naîtra, dès
que les paffions feront vivement
remuées ; & y a t il quelque chofe de plus capable de les réveil-
ler que la Mufique ? Quoique les
fons d'un inftrument ne fignifient
rien par eux-mêmes, n'éprouve-
t-on pas tous les jours qu'ils cau-
fent à l'ame différens tranfports ?
Ils enflamment le courage, ils at-
tendriffent, ils font paffer de la
terreur à la pitié ou à la gayeté.

A plus forte raifon, Madame,
les fons doivent-ils produire un
effet plus prompt & plus vif, lorfqu'ils font formés par une voix hu-
maine qui a un rapport bien plus
intime avec notre cœur, lorfqu'ils

font foutenus par des paroles touchantes, & que le Poëte a déja
trouvé le fecret de nous intéreffer
au fort de fes Héros. N.... con-
fentit enfin que dans certaines fituations pathétiques, où un perfonnage eft agité par quelque paffion violente, la Mufique puiffe
fervir à toucher. Mais, dit-il,
quand on s'avifera de mettre en
chant toute une Tragédie, &
qu'on fera entonner de grands
airs à un Prince qui donne des
commiffions à fon Confident, ou
qui délibére fur quelque entreprife importante, la Mufique fera
toujours déplacée, elle choquera,
elle ennuyera. J'en conviens, Madame, mais je crois auffi qu'il y auroit un grand inconvénient à mêler une Tragédie de fimple déclamation & de Mufique. La déclamation paroîtroit infipide après le
chant, l'oreille fe trouveroit en

quelque forte vuide, & le chant à
fon tour détruiroit la vrai-femblance & l'illufion. Il vaut bien mieux
examiner, & c'eft ce que nous
avons fait, & dont j'aurai l'honneur de vous rendre compte une
autre fois, il vaut, dis-je, bien
mieux examiner par quels moyens
on peut faire une Tragédie, dont
chaque Scene foit propre au chant.

Nous rentrâmes après avoir encore beaucoup parlé des effets de la
Mufique, & toute la Compagnie
qui s'intéreffoit au fort de l'Opera,
nous demanda des nouvelles de
notre converfation. N... eft vaincu,
dit Madame de C.... l'Opera fubfif-
te, & on pourra s'y amufer, & même y pleurer fans renoncer au bon
fens. On badina quelque tems ; &
N... pour fe venger des railleries
qu'il effuyoit, commença à parler
des grandes réformes que j'avois
propofées, & dit que j'étois conve-

nu avec lui que nous n'avions point
d'Opera parfait, & que Quinault,
tout Quinault qu'il est, avoit eu tort
de violer les unités que nous avions
jugé nécessaires. Au mot d'unités
le Chevalier déclama avec une
chaleur admirable, & quand il eut
enfin compris ce que c'étoit, il se
contenta de les trouver ridicules.

On nous passa les unités d'action & de tems ; mais Madame
de S.... ne voulut point entendre parler d'unité de lieu. C'est
se moquer, dit-elle, un Opera en-
nuira ; je m'amusois à regarder une
décoration, & une Scene languissante étoit passée. On me conjura
de me retracter, mais admirez
mon courage, Madame ; je fus
inébranlable, toutes les graces de
Madame de S.... ne furent point
capables de me faire abandonner
le parti de la triste vérité. Cependant comme je ne voulois me

brouïller avec perfonne, je don-
nai ma parole d'honneur, qu'en
fuivant la régle des unités, il y
auroit moins de Scenes froides
dans un Opera, & j'ajoûtai qu'il
n'étoit pas même impoffible de
concilier l'unité de lieu & les
changemens de décoration. Les
Dieux & les Magiciens que l'O-
pera aime tant à introduire fur la
Scene, comme étant plus propres
au chant que tout autre perfonnage, ferviront à contenter tout le
monde. Ils font affez puiffans pour
changer la face des lieux à leur
gré, & Ariftote lui-même ne trouvera pas mauvais que Jupiter dans
Thétis change le rivage de la mer
en des jardins délicieux, & que
Médée d'un coup de baguette
éleve des Palais, faffe naître des
monftres, & boulleverfe toute la
nature.

Je n'aurois jamais fait, Mada-

me , fi je voulois vous rendre
compte de ce que N.... a dit contre ces Dieux & ces Magiciens,
& de tous les défauts qu'il prétend
que la Mufique jette dans une
Tragédie. Mais pour le dire en
paffant , ce qui a fait le plus de
tort à nos Opera , c'eft que quoique la Mufique ne leur permit
point d'offrir d'auffi grands objets
que ceux aufquels Corneille nous
a accoûtumés , on n'a pas laiffé
de leur donner le nom faftueux de
Tragédies. Dès-lors on s'eft crû
en droit d'y demander les mêmes
beautés que nous admirons dans
les chefs - d'œuvres du Théâtre
François , & comme on n'y trou-
voit cependant ni la même grandeur dans les actions , ni la même
nobleffe dans les caracteres , ni la
même magnificence dans les expreffions , on ne les a regardés
que comme des monftres & de

misérables avortons de quelque plume novice.

Racine & Despréaux ont dit qu'on ne peut jamais faire un bon Opéra. Je respecte fort l'autorité de ces deux Maîtres de l'art ; mais il faut convenir qu'ils se sont trompés, & qu'une pareille décision prouve seulement qu'ils ne connoissoient point la nature du Poëme Lyrique. J'aimerois autant qu'ils eussent méprisé l'Eglogue, parce qu'elle ne peut pas avoir la majesté de l'Ode. L'Opera est un Poëme dramatique mis en Musique, & pour qu'il soit bon, il suffit qu'il représente une action intéressante. Mais qu'après cela la Musique lui interdise des beautés d'un certain genre, il n'importe, pourvû qu'elle lui en laisse assez pour plaire & pour toucher.

Je craindrois actuellement, Madame, de vous ennuyer par le

détail où nous a fait entrer le célébre paſſage de Deſpréaux, lorſqu'il dit *qu'on ne peut jamais fai-*
re un bon Opera, parce que la Mu-
ſique ne ſçauroit narrer, que les
paſſions n'y peuvent être peintes dans
toute l'étendue qu'elles demandent,
& que d'ailleurs elle ne ſçauroit
mettre en chant les expreſſions vrai-
ment ſublimes & courageuſes. N....
armé de cette autorité, s'eſt rendu
bien redoutable, j'aurai l'honneur
de vous en rendre compte dans
ma premiere Lettre. Je ſuis avec
un profond reſpect, &c.

SECONDE LETTRE.

IL est bien triste, Madame, que notre Musique ait si fort dégénéré de celle des Anciens, nos Opera y perdent beaucoup. Sûrement Despréaux ne lui auroit point fait le reproche de ne pouvoir narrer, & N.... souffriroit volontiers qu'on mît toute une Tragédie en chant, si nous pouvions conter aujourd'hui de nos Lullis & de nos Campras des histoires aussi merveilleuses, que celles que les Anciens nous rapportent de leurs Musiciens. Il ne s'agit ni d'Orphée ni d'Amphion; les Poëtes ont toujours été en droit de dire tout ce qu'ils ont voulu. Mais les Historiens mêmes & les Philosophes les plus graves semblent s'abandonner à l'entousiasme, lors-

D

qu'ils parlent des effets de la Mufique.

Si **nous** étions affez heureux
pour fçavoir ce que c'eft que le
Mode Dorien & le *Mode Phrygien*,
qui étoient les feuls que Platon
permit au peuple de fa République, & dont l'*un fervoit à expri-
mer* (a) *la force & l'autre la tem-
pérance*, nous les employerions,
comme les Grecs, *pour imiter le
courage & l'intrépidité avec laquelle
on affronte la mort, les dangers &
les difgraces, ou pour repréfenter la
modération d'un homme qui fe poffè-
de dans la profpérité, & les différentes difpofitions où l'on eft, foit qu'on
faffe des prieres aux Dieux, ou des
demandes aux hommes, foit qu'on
accorde ou qu'on refufe, foit que l'on
confeille ou que l'on perfuade.*

(*a*) Ce paffage eft tiré des Ouvrages de Platon, & on le trouve cité tel qu'on le lit ici,
dans le Dialogue de M. l'Abbé de Chateau-
neuf fur la Mufique des Anciens.

Si par hazard ces deux Modes miraculeux ont été quelque chose de plus réel que la République de Platon, notre Opera gagneroit beaucoup à les connoître. Avec une Musique qui auroit autant d'expreffions différentes que la Poëfie même, nos Poëtes Lyriques n'auroient jamais été génés dans leur carriere, & trouvant toujours un Muficien en état de rendre leurs penfées, il n'y auroit point eu d'action ni de caractére qu'ils n'euffent pû mettre fur le Théâtre. Acomat, Auguste, Phocas, & Burrhus, malgré leur gravité, auroient chanté comme Amadis & Médor.

Ne chicannons point les Anciens, Madame, il nous importe affez peu de connoître leur Mufique. C'est de la nôtre dont il s'agit; car la premiere régle des Poëtes Lyriques, comme l'a fort bien remarqué Madame de C....

eſt de proportionner leur vol à celui des Muſiciens, s'ils ne veulent
pas que des beautés mêmes deviennent de vrais défauts. Rien
n'eſt plus ſenſé, & il eſt certain
qu'on ne raiſonnera avec quelque
certitude des actions qui ſont propres à l'Opera, & des ornemens
dont on peut l'embellir, qu'après
qu'on aura découvert quels objets
la Muſique peut peindre.

Il en faut convenir de bonne-
foi, notre Muſique ne ſçauroit narrer ; le mauvais ſuccès des Can-
tates de Rouſſeau en doit convain-
cre tout le monde. Dès que des
paroles ſont faites pour être miſes
en muſique, elles doivent renfer-
mer quelque ſentiment, & il faut
que la perſonne qui les chante,
parle le langage de quelque paſſion. Sans cela un Muſicien eſt ſûr
d'ennuyer, & l'on ne doit point
en être ſurpris ; car toutes ſes infle-

xions de voix ne paroissent point
naturelles, & l'on ne peut devi-
ner ce qui l'engage à baisser, à diminuer ses tons, ou à leur donner
plus de force dans un récit qui ne
demande qu'un ton égal & soute-
nu Quelle Musique n'auroit pas
échoué sur ces paroles?

Pelée à ce discours portant au loin la vue,
Voit paroître l'objet qui le tient sous ses loix :
Heureux, que pour lui seul l'occasion perdue
     Renaisse une seconde fois !
     Le cœur plein d'une noble audace,
Il vole à la Déesse, il l'approche, il l'embrasse.
Thétis veut se défendre, & d'un prompt chan-
     gement
     Employant la ruse ordinaire,
Redevient à ses yeux Lion, Tigre, Panthere :
Vains objets ! qui ne font qu'irriter son Amant.
     Ses desirs on vaincu sa crainte,
Il la retient toujours d'un bras victorieux ;
Et lasse de combattre, elle est enfin contrainte
De reprendre sa forme & d'obéir aux Dieux.

Tous les ornemens du Chant
sont déplacés dans ce récit. Mais

un pareil défaut choqueroit bien
davantage dans un Opera, où le
Muſicien ne pouvant point prendre les mêmes libertés que dans
une Cantate, eſt aſſujetti aux loix
rigoureuſes de la déclamation.
Auſſi Lulli, malgré tous ſes talens,
n'a t-il pû ſauver l'ennui que cau-
ſent ces Vers de Jobate à Sté-
nobée.

Contre Bellerophon j'ai fait juſqu'à ce jour
    Ce que Prétus pouvoit attendre
    De l'aveugle zele d'un gendre.
Vous vouliez comme lui qu'il périt dans ma
    cour.
    D'abord ſans connoître ſon crime,
J'abandonnai ſa tête aux rigueurs de ſon ſort.
    Prétus croyoit ſa perte légitime,
    C'étoit aſſez pour réſoudre ſa mort.
Mais, enfin, il eſt temps de vous ouvrir mon
    ame.
Après qu'il s'eſt rendu l'appui de mes Etats,
    Je dois me conſerver ſon bras.
    Ma fille eſt l'objet de ſa flamme,
Aujourd'hui de ma main elle attend un Epoux,
C'eſt lui que je choiſis.

Mais parce que Lulli n'a pas pû rendre les sentimens de Jobate, il seroit bien injuste d'en conclure qu'il est impossible de faire un bon Opera. Au contraire il me semble que Madame de C.... a raison de dire que nos Poëmes n'en seront que plus intéressans. Les Poëtes Lyriques peuvent tirer parti de l'impuissance où la Musique est de narrer & de s'associer à des raisonnemens, pour répandre plus de chaleur dans leurs Ouvrages. On ne nous présentera que des personnages agités par quelque passion, & on ne leur mettra dans la bouche que des récits courts, vifs & animés, tels que celui d'Arcabonne, quand elle apprend à son frere l'amour violent qu'elle ressent pour Amadis.

Après cela, Madame, il n'a pas fallu beaucoup presser N....

pour lui faire avoüer qu'un Opera
ne peut fouffrir tout cet échaffau-
dage de faits & de fuppofitions
qui précedent ordinairement les
Tragédies, & que fon expofition
fe devant faire fans récit, &
fon dénoüement fans difcuffion,
l'action n'en fçauroit être trop fimple, ni trop débaraffée de tout
ce qu'on appelle intérêt d'Etat.
Nous n'avons pas permis à toute
forte de Héros de monter fur le
Théâtre du Palais Royal. Sur quel
ton, je vous prie, faire chanter
un politique ou un ambitieux, gens
froids en apparence & fententieux,
dont les fentimens font fouvent
enfermés dans le fond de leur
cœur? Agrippine auroit fort em-
baraffé Lulli.

Toutes les paffions ne peuvent
pas s'allier avec la Mufique. La
colere, la douleur, la joye, la
crainte, la vengeance, l'efpérance
font

font très-propres au chant. Elles ont un langage vif & animé, & font prendre naturellement à la voix les différentes infléxions qu'un Muſicien charge & embellit en leur donnant plus ou moins de force, plus ou moins d'agrément. Il ne faut admettre à l'Opera que les perſonnages qui peuvent s'abandonner librement & avec bienſéance à ces paſſions. Plus on leur donnera de force & de chaleur, mieux elles réüſſiront. C'eſt ce qui a engagé Quinault à prendre tous les ſujets de ſes Poëmes dans la Fable ancienne ou moderne, & d'aſſocier à ſes Héros des Dieux ou des Magiciens.

Ces Etres chimériques dont le Spectateur n'a pas d'idée bien préciſe, laiſſent la liberté au Muſicien de leur donner un langage plus muſical. Il eſt aſſez naturel de leur prêter des ſentimens plus im-

E

pétueux, & le Poëte même n'eſt
point obligé d'aſſujettir ſes Héros
aux bienſéances eſſentielles dans
une action où l'on n'introduit que
des hommes. Atys & Roland
pouſſent leur fureur à un excès
qui auroit été ridicule ſur un autre
Théâtre, & l'on n'eſt point choqué que Renaud ſoit enivré des
charmes d'Armide, & qu'il oublie ſa gloire juſqu'à lui dire,

Que j'étois inſenſé de croire
Qu'un vain laurier donné par la victoire,
De tous les biens fût le plus précieux !
Tout l'éclat dont brille la gloire,
Vaut-il un regard de vos yeux ?

De ce côté-là, Madame, nous
avons de beaucoup ſurpaſſé les Italiens, dont les Opera trop pleins
d'Empereurs & de Perſonnages
importans, ſont bien éloignés du
caractére qu'exige le (a) chant.

(a) On dit auſſi que les Italiens ne prêtent

Quinault a fagement abandonné les grands intérêts d'Etat , & la ruine des Rois & des Empires. Il s'eft borné à peindre l'Amour ; & ce n'eft point là, ainfi que le prétend N.... une raifon de fiffler nos Opera.

De (a) cette paffion la fenfible peinture,
Eft pour aller au cœur la route la plus fûre.

Quoique Madame de C.... ait le courage de préférer Corneille à Racine, & qu'elle foit laffe de voir tous les Héros du Théâtre François amoureux, elle fait grace à Quinault, dont les Perfonnages lui paroiffent plus raifonnables que ceux de Racine, chez qui l'Amour dégénere quelquefois en une foibleffe qui les dégrade.

Atys, dit-elle, peut aimer tant

point une attention fuivie à leurs Opera , ils n'écoutent que les Ariettes.
(a) Defpréaux , Art poët. Chant 3.
E ij

qu'il voudra Sangaride, fans que
perſonne le trouve mauvais ; mais
il n'en eſt pas de même de Pyr-
rhus, à qui Andromaque fait oublier ce qu'il doit à la Grece & à
ſes ſujets. Elle condamne ſans
pitié les tracaſſeries d'Attalide &
les ſentimens romaneſques de Ba-
jazet, lorſqu'il s'agit de tout l'Em-
pire d'Orient. Elle eſt ſincere-
ment touchée que l'Amour gâte
Mithridate. Elle ne trouve point
naturel que ce Prince vaincu, qu'on
nous repréſente plein de haine &
de vengeance, & *qui pendant quarante ans a laſſé tout ce que Rome
eut de Chefs importans*, vienne
échoüer près de Monime. Pom-
pée, ajoûte-t-elle, pourſuit Mithridate, & ce Prince perd ſon
tems en bagatelle. Aucun Héros
de Quinault ne fait de pareilles
fautes. Que lui importe le cœur
de Monime dans une pareille cir-

confiance ? Cependant voilà fa
jaloufie qui l'occupe entierement,
& tout ce qu'il forme de grands
projets, comme le dit Racine lui-
même, eft fubordonné à l'Amour,
& femble n'être qu'une intrigue
imaginée pour découvrir fi fes fils
& fa Maîtreffe le trahiffent.

Quiqu'il en foit, de la févérité
un peu outrée de Madame de C....
il me femble du moins que ce
n'eft peut-être pas un défavantage
pour l'Opera, de fe voir borné
par la Mufique à ne peindre que
les paffions & les intrigues des
Amans. Il faut avoüer même qu'il
y a de grands inconvéniens à traiter l'Amour, comme on le traite
ordinairement dans nos Tragédies, & que plus il s'agit d'intérêts
importans, plus nos Poëtes courent rifque de rendre leurs Héros
ridicules en les rendant amoureux.
Mais à l'Opera, l'Amour qui n'eft

E iij

point placé à côté d'objets plus fé-
rieux, paroît dans tout son jour,
& ne gâte rien. Auſſi Quinault
nous en a-t-il fait un tableau bien
intéreſſant. Il a eu l'art de ne rien
perdre de toute l'ivreſſe ni de tous
les égaremens de cette paſſion ; il
lui a donné ce degré de chaleur
qui eſt ſi favorable à la Muſique ;
il a ſçû même lui prêter un air noble & grand par le *Merveilleux*
(*a*) qu'il a répandu dans ſes Poëmes.

La queſtion du Merveilleux,

(*a*) C'eſt par le merveilleux, dit le P. Ra-
pin dans ſes Réflexions ſur la Poëtique d'Ariſtote, que les choſes les plus communes prennent un caractére de grandeur & d'élévation qui
les rend extraordinaires & admirables. Qu'on
enleve, continue-t-il, à Achille ſa Maîtreſſe ;
dans le fond ce n'eſt qu'une bagatelle, mais
cela devient très-ſérieux dès que Thétis va
ſe jetter aux pieds de Jupiter, que les Dieux
s'aſſemblent en Conſeil, qu'on y fait de grandes délibérations, que les eſprits s'échauffent,
& que tout le Ciel ſe partage ſur cette que-
relle.

Madame, a été beaucoup agitée
& N.... qui à son ordinaire ne
veut pas d'abord se rendre, traite
tout cela de jeu d'enfant. En vérité, dit-il, c'est mal s'y prendre
pour faire l'éloge de l'Opera, que
de vouloir que le Merveilleux en
fasse une partie essentielle. Notre
siécle est un peu trop philosophe
pour goûter une foule de Divinités
fort peu raisonnables, & que je
pardonne à Homere, parce qu'il
écrivoit dans un tems où toutes
les rêveries étoient bien reçûes.
Mais la raison depuis a fait des
progrès, & il est étonnant que nos
Poëtes ne se défassent pas de pareilles puérilités. Ils auroient grand
tort, lui repartis-je avec vivacité,
soyez sûr que le Merveilleux plaira dans tous les tems. Les divinités d'Homere perdirent à peine
leur réputation, que nous créâmes
des Silphes, des Gnomes, &c.

& au lieu de Dieux nous peuplâ-
mes toute la nature de Génies.

Les Poëtes ont imaginé un fif-
tême rempli de fleurs & d'agrément, ils s'y tiendront. Les idées
de la Poëfie flatent nos paffions.
Dans l'Iliade on voit avec plaifir
tout le Ciel en mouvement pour
l'enlevement de la Maîtreffe d'A-
chille, & des Divinités qui déro-
gent en fe mêlant de nos affaires,
ne nous feront jamais défagréables.
Et moi, lui dit Madame de C.... en
ouvrant la Bruyere, je veux vous
accabler d'une autorité : lifons.
C'eft prendre le change & cultiver
un mauvais goût, que de dire, com-
me l'on fait, que la machine n'eft
qu'un amufement d'enfans, & qui
ne convient qu'aux Marionettes. El-
le augmente & embellit la fiction ;
foûtient dans les Spectateurs cette
douce illufion qui eft tout le plaifir du
Théâtre, où elle jette encore le Mer-

veilleux. Il ne faut point de vol, ni
de chars, ni de changemens aux Bé-
rénices & à Pénélope; il en faut
aux Opera, & le propre de ce Spec-
tacle est de tenir les esprits, les yeux
& les oreilles dans un égal enchan-
tement.

Je vous conseillerois, dit Madame de C.... après avoir lû son
passage, de vouloir être de plus
mauvaise humeur que la Bruyere.
Cependant tout son chagrin n'a
pû tenir contre le Merveilleux,
& il faut qu'il en ait bien senti l'a-
grément pour se résoudre à en faire l'éloge. Sans doute, Madame,
ajoûta le Chevalier en prenant la
parole d'un air distrait, c'est le sens
commun qui l'ordonne; car si un
faiseur d'Opera a pour Acteurs les
mêmes Dieux que les Poëtes Epi-
ques, pourquoi ne pourroit-il pas
employer le même Merveilleux,
& faire agir ses Dieux sur un Théâ-

tre , comme Virgile dans son
Enéide ?

Vous feriez vous jamais atten-
due, Madame, à un raisonnement
juste de la part du Chevalier? Aussi
cela causa-t-il une admiration sur-
prenante à tout le monde. Nous
nous regardâmes, nous le regardâmes bien , personne ne l'avoit
soufflé. J'admirai les caprices de
la fortune , & je tâchai de revenir
de mon étonnement pour entendre ce que répondroit N.... Si
vous le voulez, dit-il, le Merveilleux ne me choque point dans un
Poëme Epique, parce qu'il y est
en récit; mais à votre Opera ce
Merveilleux qui se passe sous mes
yeux, devient puéril & ridicule :
je vois les cordes qui soûtiennent
les chars, cela me fait pitié. Virgile me peint Venus qui fend les
cieux avec rapidité, & qui laisse
derriere elle un long rayon de lu-

miere. Son écharpe & ses cheveux flotent au gré des Zéphirs,
tandis que les Amours qui volti-
gent d'une aîle légere autour d'elle, répandent des fleurs & des
parfums dans les airs. A l'Opera
c'est un char fort lourd, une Vé-
nus qui tremble, & les Amours
qui l'accompagnent, font dans
une contenance si contrainte que
j'en ris malgré moi en attendant
quelque catastrophe tragique.

Il en sera tout ce qui vous plaira, reprit vivement Madame de
C...., je n'aime pas mieux que
vous un merveilleux qui devient
ridicule. Je voudrois qu'on le
bannît de l'Opera, & je blâme
quelquefois Quinault de n'avoir
pas assez songé que nos Décora-
teurs ne font pas des Dieux mais
des Artisans. On trouvera toujours mauvais qu'Hierax soit chan-
gé en Oiseau de proye, Argus en

Paon, Afcalaphe en Hibou, & Cyané en Ruiſſeau. De pareilles Métamorphoſes ne s'exécutent jamais que d'une maniere choquante. A l'égard de nos vols & de nos chars, continua-t-elle, il faudra nous en paſſer, s'il eſt impoſſible de conſtruire des Théâtres qui leur ſoient plus favorables que les nôtres, ou ſi nos Machiniſtes ne peuvent point perfectionner leur art. Il eſt aiſé de cacher les cordes d'un char ſous des nuages. Et pour les vols, il me ſemble, ajoûta-t-elle, qu'on les prodigue ſouvent ſans néceſſité, & dans des occaſions même où il ſeroit plus raiſonnable de ne pas s'en ſervir. Pourquoi fait-on envoler dans les airs l'Alecton que Cybele évoque des Enfers pour inſpirer à ſon Amant toute ſa fureur? Les Cieux ne ſont point ſa demeure, & ne ſeroit-il pas mieux

que cette Furie, après avoir fécoüé
deux ou trois fois fon flambeau fur
Atys, fe replongeât dans les Enfers?

Mais en faifant le procès aux
Machines de l'Opera, Madame
de C.... fe garde bien d'en vouloir profcrire toute forte de Merveilleux. Il peut en effet fubfifter
indépendamment des chars, des
vols, & même des changemens
de décoration. Madame de C....
veut qu'on fçache bon gré à Quinault d'intéreffer tout le Ciel &
tout l'Enfer à l'entreprife de Perfée; elle eft charmée que les Dieux
viennent lui offrir des armes pour
combattre les Gorgonnes, & que
Mercure foit fon conducteur.
Tout le merveilleux de Théfée
peut s'exécuter aifément. A l'é-
gard de l'heureufe invention dont
Cybele fe fert pour déclarer fon
amour à Atys, on ne fçauroit,

dit-elle, trop la loüer, si Quinault
avoit laissé à ses songes une certaine obscurité qui préparât, mais
qui ne prévînt point le dénoüement. Les ménaces qu'ils font,
pêchent contre la vraisemblance.
Parlant de la part de Cybele, il
étoit naturel qu'ils en prissent le
caractere qui est la douceur. Pourquoi commencer par des ménaces, tandis qu'à la fin du troisiéme Acte, la Déesse ne fait encore que des plaintes tendres, en
voyant le froid respect dont Atys
paye son amour? Pour le merveilleux du cinquiéme Acte d'A-
tys, rien n'est plus beau. Il faut
avoüer que quand des fictions font
bien ménagées, elles relevent un
sujet, & le rendent plus intéressant. Le Spectacle en a plus de
majesté, & le Musicien trouve occasion de faire briller tous ses talens.

N.... voulut encore chicanner
& difputer le terrein ; mais je com-
mençai à être fûr de la fortune de
notre Merveilleux , lorfqu'après
l'aveu fincere de Madame de C....
fur le ridicule qui accompagne
quelquefois nos machines , je vis
qu'il étoit forcé d'en revenir à des
raifons qui l'auroient même prof-
crit de la Poëfie Epique. Madame
de C.... s'en apperçut auffi , &
cela lui donna du courage. Il y a ,
lui répondit-elle , un certain nombre de folies (a) que l'Antiquité a

(a) *Il n'eft pas vrai* , dit Corneille dans fon
premier Difcours fur la Tragédie, *ni vrai-*
femblable , qu'Androméde expofée à un monftre
Marin , ait été délivrée de ce péril par un Ca-
valier volant qui avoit des ailes aux pieds :
mais c'eft une fiction que l'Antiquité a reçûe , &
comme elle l'a tranfmife jufqu'a nous , perfonne
ne s'en offenfe quand on la voit fur le Théâtre.
Il dit encore ailleurs : *Tout ce que la Fable nous*
dit de fes Dieux & de fes Métamorphofes , eft
encore impoffible , & ne laiffe pas d'être croya-
ble par l'opinion commune , & par cette vieille
tradition qui nous a accoutumés à en oüir parler.
Nous avons droit d'inventer même fur ce mo-

confacrées, & qui ne nous révoltent
point. N'allez pas vous imaginer
que la raifon foit affez dupe pour
dédaigner le plaifir que lui préfen-
tent des Fables. Il n'y a que fort
peu de Philofophes dans le monde, & ce n'eft pas la peine d'y
faire attention. Ils n'iront point à
l'Opera, fi vous le voulez ; mais
foyez fûr que leur févérité ne
tiendra point contre un Poëte
qui aura l'art de les dérider en
rendant fes fictions vrai-fembla-
bles.

A votre compte, pourfuivit-
elle, je ne devrois que m'ennuyer

déle, & de joindre des incidens également im-
poffibles à ceux que ces anciennes erreurs nous
prêtent. L'Auditeur n'eft point trompé dans fon
attente, quand le titre du Poëme le prépare à
n'y voir rien que d'impoffible en effet ; il y trouve
tout croyable, & cette premiere fuppofition
faite qu'il eft des Dieux, & qu'ils prennent
intérêt, & font en commerce avec les hommes,
à quoi il vient tout réfolu ; il n'a aucune difficulté à fe perfuader du refte. Difcours 3.

à

à *Phédre* ; car on commence par
me dire que Théfée eſt allé *des-
honorer la couche du Dieu des Morts.*
Phédre eſt petite-fille du Soleil.
Neptune a promis à Théfée d'exau-
cer ſa premiere demande. Toute
la piéce eſt fondée ſur des Fables. Je vous avoüe cependant
que je pleure Hypolite. Je ne blâme point Aricie de ſuivre ſon A-
mant dans un Temple qui a tout
l'air de n'être qu'un Château de
Fée , & dans le moment où Phédre troublée par ſes remords ,
croit voir Minos qui recule à ſon
aſpect, je ſuis auſſi vivement touchée, que ſi, née dans les tems hé-
roïques de la Grece , je croyois
bonnement tout ce qu'on dit de
Minos & de ſon urne : on n'eſt
point intraitable quand il s'agit de
plaiſir. Nous nous tranſportons au
lieu de la Scene , & cela , ajoûta-
t-elle , ſe fait comme malgré nous.

F

Je n'en fçais pas la raiſon, mais l'expérience ſuffit, & voilà ce que tout le monde éprouve avec moi. On applaudit. N.... qui prévit enfin ſa défaite, & qui dans le fond avoit quelque peine à défendre une opinion fâcheuſe pour les Anciens, s'avoüa vaincu, & dit même galament à Madame de C.... que l'Opera lui devoit par reconnoiſſance les honneurs d'un Prologue.

Le Grand-Abbé peut déja juger, Madame, combien il eſt injuſte de croire qu'un bon Opera ſoit l'ouvrage d'une plume novice. Que de nobleſſe ne fautil pas dans le génie pour imaginer un Merveilleux agréable ! Que de fécondité pour ne point languir dans la ſimplicité qu'exige l'Opera ! Nous ſommes un peu plus délicats que les Anciens. Nous ne ſommes point aſſez bons pour

souffrir ces Prologues où un perfonnage venoit conter (a) fans façon fes avantures aux Echos. De
combien d'art aujourd'hui n'a pas
befoin un Poëte Lyrique pour faire l'expofition de fa Tragédie, &
difpofer fon fujet de maniere que
toutes les Scenes en foyent vives,
animées, & propres à la Mufique.

Qui voudroit analifer une piéce de Quinault, feroit bien étonné des fineffes qu'il y découvriroit.
Excepté l'unité de lieu, à laquelle
ce Poëte n'a pas voulu s'affervir
dans Atys, cet Opera eft dans
toutes les régles d'Ariftote. Le
caractere du Héros y eft tel que
l'exige ce Philofophe. Atys ca-

(a) Les Prologues des Tragédies Grecques
n'ont rien de commun que le nom, avec les Prologues de nos Opera. Les Poëtes anciens ne
connoiffoient point l'art de faire l'expofition
de leur fujet. Voyez l'Iphigénie en Tauride.
Cette Princeffe ouvre la Scene, en difant qu'elle
vient conter fon hiftoire aux Echos.

che fon amour ; il rompt malgré
lui le filence ; il n'ofe efpérer ; il
connoît fon crime ; il avoüe fa per-
fidie ; il ne céde point à fa paffion ;
en un mot, il eft entraîné par la
deftinée plus forte que fes remords.

Qu'on fupprime le fecond Acte comme un peu languiffant, &
tout le refte eft plein de cette paffion vive qu'aime la Mufique. L'intérêt va toujours en croiffant, &
toutes les fituations naiffent naturellement les unes des autres.
Quel art d'avoir fait l'expofition
du fujet d'une maniere fi fimple &
fi touchante ! Atys & Sangaride
n'ont d'abord à craindre que l'A-
mour jaloux de Célénus : ces A-
mans fi tendres voyent avec défef-
poir qu'il faut cacher leur flamme ;
la protection dont Cybéle honore
Atys, leur donne une efpérance
trompeufe ; mais elle les plonge
bientôt dans un plus grand embar-

ras. Les situations deviennent toujours plus belles, dans le moment
qu'Atys, enivré d'un autre Amour,
ne montre à Cybéle qu'un froid
respect mêlé de surprise, Sangaride dont l'arrivée est ménagée
avec beaucoup d'adresse, entre
sur le Théâtre, & porte avec elle
le trouble dans le cœur de tout
le Spectacle. Cette Nymphe vient
s'exposer au plus grand péril, en
voulant implorer le secours de
la Déesse. Atys épouvanté dissi-
pe cet orage; & cette Scene si
animée sert à former le quatriéme Acte, où Sangaride croyant
qu'Atys la trahit & sacrifie son
amour à son ambition, peint avec
tant de vérité une flamme qui s'a-
nime par les efforts inutiles qu'on
fait pour l'éteindre.

Ce n'est-là qu'une exquisse bien
grossiere d'Atys; mais ce ne seroit jamais fait que de vouloir des-

cendre dans le détail de l'action.
Le dernier Acte de cet Opera est
d'un grand pathétique. Quel coup
de Théâtre que la mort de Sangaride ! Atys troublé par les fu-
ries, la poignarde lui-même ; rendu à la raison, il voit avec frémis-
fement le crime de Cibéle, & la
punit de sa barbarie, en se donnant
la mort. En vérité, Madame, tout
cela est d'une force qui auroit dû
reconcilier Despréaux avec l'O-
pera.

Jusqu'ici N...... n'avoit pas
été infiniment heureux à défendre
son opinion ; mais lorsque pour
prouver qu'une Tragédie en Mufique ne feroit jamais un Spectacle
raisonnable, il en vint à faire voir
que le Poëte ne peut y peindre les
paffions dans toute leur étendue ,
je crus que jusqu'à Madame de
C.... tout le monde alloit renoncer à l'Opera. Les raisonnemens

de N.... fur notre cœur & fur les moyens de l'émouvoir font très-inftructifs & très-féduifans. Il fait fentir toutes les gradations d'une paffion, & il défigneroit prefque le nombre de Vers qu'un Poëte exact doit employer pour toucher. Il nous fit des réflexions fi fenfées fur quelques Scenes de Racine, il en développa fi adroitement les fineffes, que je vis bien que tout alloit être perdu s'il retomboit fur Quinault.

En effet, Madame, comme il m'avoit entendu dire que les adieux de Cadmus & d'Hermio-ne, de Perfée & d'Androméde font des chefs-d'œuvres, il en fit l'Analyfe la plus défefpérante. Tout parut précipité, rien ne fut dans fa jufte étendue. Toutes nos Da-mes fe repentirent d'avoir pleuré à des Scenes fi médiocrement bonnes. Vous ne m'auriez pas

conseillé d'ouvrir la bouche, on
n'étoit pas en état de m'entendre.
Le Chevalier, qui jusques-là avoit
été de la plus grande assûrance
du monde sur la bonté de l'Opera,
manquoit même de mauvaises raisons pour défendre Quinault. Voilà ce que c'est que cette Musique,
dit Madame de S.... d'un ton
chagrin, elle fait illusion, elle dé-
guise tout. Sur le champ, & comme par dépit, elle chanta avec
cette voix tendre & brillante que
vous aimez tant, la Scene des
adieux de Cadmus & d'Hermio-
ne. Peu-à-peu l'orage se dissipa;
je vis arriver tout ce qu'on raconte du pouvoir des chants d'Orphée; les esprits reprirent leur
tranquillité; & sans l'espece de
honte qu'il y a à changer si vîte de
sentiment, N.... alloit être con-
fondu comme un Sophiste. On
étoit dans un grand embarras,
                              chacun

chacun raiſonnoit à ſa maniere.
Madame de C.... ſoupçonna enfin qu'il y avoit là-dedans quelque
miſtere, & qu'il falloit, puiſqu'u-
ne Scene chantée étoit ſi différente d'une Scene lûe, que Lulli ſup-
pléât à ce qui manquoit à Quinault.

Vous avez raiſon, Madame,
lui dis-je. Il ne faut point douter
que Lulli ne ſoit fort néceſſaire à
Quinault, & ce ſeroit un défaut
énorme qu'une paſſion fût traitée
avec la même étendue dans un
Opera que dans une Tragédie ordinaire. Je ne badine point, continuai-je, & je vous prie ſeulement
de vous ſouvenir de ce que nous
a dit Monſieur de N.... c'eſt qu'il
n'y a qu'un point où le cœur puiſſe
être ému. Qui ne va pas juſqu'à ce
point, manque ſon effet ; qui va
au-delà, ne réüſſit pas mieux, &
fait retomber le Spectateur dans la

G

langueur d'où l'autre ne l'a pas fait fortir.

Racine, ajoûtai je, pour arriver à ce point heureux, n'a le secours de perfonne. C'eſt à lui à faire tout le chemin. Il faut qu'il n'oublie aucun des moyens propres à remuer. Quinault, au contraire, pour produire le même effet, a le fecours de la Muſique qui fait la moitié de l'ouvrage; ainſi il y a de l'art au Poëte Lyrique à ſçavoir ne dire que la moitié de ce qu'auroit dit Racine. Il eſt prouvé que la Muſique en allongeant ſes ſons, en les ſoutenant, ou en les pouſſant avec force, pénétre juſques dans le fond de l'ame, & y fait une impreſſion plus vive & plus durable que la déclamation. Elle imite ces ſons antérieurs à tout langage, & que la nature avoit donnés elle-même aux hommes pour être les ſignes de leur tristesse & de leur joye. En un mot, il y a de certains sons qui sont en droit de faire pleurer ; & ce sont ces sons qui dans un Opera tiennent la place de tout cet art que vous avez admiré dans Racine, & de cet enchaînement de sentimens qui leur donne toute leur force & tout leur pathétique. Si Quinault ne l'avoit pas compris, & qu'il eût voulu traiter autrement les passions, le double effet qu'auroient produit ses paroles & la Musique de Lulli, auroit porté le Spectateur au-delà du but.

Dès qu'un Opera sera fait par un homme de génie, tout, pour me servir de ce terme, y doit paroître croqué à la lecture. Je permets à l'Abbé de rire tant qu'il voudra d'une pareille réflexion ; mais il sera enfin forcé, comme N.... de convenir de sa justesse.

La Poësie, ainsi que la Peinture, a suivant les circonstances différentes proportions. Que penseroit-on d'un Peintre qui, en dépit de toutes les loix de la perspective, peindroit sur les mêmes desseins un Dôme élevé & le platfond d'un Salon ? Il en est de même de la Poësie ; elle dessine différemment ses figures dans une Tragédie & dans un Opera, elle y employe des proportions différentes pour produire le même effet. Le Peintre qui peint un Dôme élevé, doit tracer des figures gigantesques, & leur donner des traits qui de près feroient peur ; cela n'ôte rien au mérite de son ouvrage. Le Poëte Lyrique a ses régles particulieres de perspective, & comme il présente au Spectateur des objets sous un autre point de vûe que Racine, il doit être assez sage pour travailler sur d'autres proportions. Tout son art consiste à sçavoir ne montrer que ces premiers sentimens, qui sont le germe de tous les autres. Il ne faut pas conclure de là que l'Opera soit un Spectacle misérable ; qu'importe que les passions soient traitées avec plus ou moins d'étendue, pourvû qu'elles touchent?

Si Racine avoit eu à traiter la huitiéme Scene du second Acte d'Alceste, il s'y seroit bien pris autrement que Quinault, pour produire un grand pathétique. Mais celui-ci n'a point eu tort de faire dire simplement à Admete ;

> Je meurs , charmante Alceste ,
> Mon sort est assez doux ,
> Puisque je meurs pour vous.

Ou bien ces autres Vers.

> Avec le nom de votre Epoux
> J'eusse été trop heureux de vivre ?

> Mon fort eft affez doux
> Puifque je meurs pour vous.

Il ne faut rien ajoûter à ces deux petits Vers ;

> Alcefte, vous pleurez.
> Admete, vous mourez.

Alcefte a raifon de ne dire que ce Vers,

> C'eft pour vous voir mourir que le Ciel me dé-
> livre.

& de repéter plufieurs fois ceux-ci,

> Eft-ce là cet Himen fi doux, fi plein d'appas
> Qui nous promettoit tant de charmes !

Si l'on ne fait que lire cette Scene, il feroit honteux d'en être touché ; mais Lulli lui donne toute cette chaleur qui trouble, qui intéreffe, qui arrache des larmes. La Mufique eft une efpéce de

magie bien puiſſante , & il faut
avoüer , Madame , qu'elle ſert
ſouvent à peindre la nature avec
cette ſimplicité naïve qui en fait le
vrai caractere. Corneille ſe plaint
quelque part de la néceſſité où
l'on eſt ſouvent de faire parler un
perſonnage qui ne devroit que
pouſſer des ſoupirs , ou ne bé-
gayer que quelques mots entre-
coupés. Mais, dit-il , il faut charger la nature , ou bien on ne feroit
qu'éfleurer le cœur. En effet , je
voudrois bien voir quels mouvemens feroit naître au Théâtre François un Admete , qui en apprenant
la mort de ſa femme , ſe conten-
teroit de dire , comme à l'Opera ,
Alceſte eſt morte? Ces paroles ſi
naturelles , ſi pathétiques , & auſ-
quelles il n'eſt permis de rien ajoûter , manqueroient cependant leur
effet ſans les ſons de Lulli.

Je ne m'arrêterois pas ſi long-

tems, Madame, sur des réflexions
que vous avez faites, & que je tiens
même pour la plûpart de vous,
si c'étoit pour vous que je vous
écris. Mais il a fallu vous obéir
jusqu'au bout. Cependant, comme nous ne voulons désesperer
ni le Grand-Abbé, ni ses partisans,
je crois qu'ils n'auront pas lieu de
se plaindre quand on leur accor-
dera, qu'il est plus aisé de faire une
bonne Scene pour l'Opera que
pour un autre Théâtre. Mais aussi
il faudra qu'ils soient assez com-
plaisans pour convenir à leur tour,
que ce n'est point une chose commune, que de saisir, comme Quinault, les sentimens qui sont les
plus propres à toucher : il semble
du moins que nos Poëtes ayent
perdu cet art.

Après cela, seroit-ce un si
grand malheur que la Musique ne
pût pas rendre les expressions su-

blimes & courageufes ? Je veux
bien accorder pour un moment
à N.... & à Defpréaux tout ce
qu'ils voudront ; car il eft aifé
de leur faire voir que l'Opéra pourroit fe paffer de cet avantage. Nos
Poëtes Lyriques profcrivent de
leur Théâtre tous les grands intérêts d'Etat, pour fe borner aux
feules intrigues d'amour. Ils doivent ne donner à leurs Héros que
le langage du fentiment, ce qui
femble exclure toute la pompe
des expreffions courageufes. Les
fentimens ne fe peuvent rendre
avec trop de fimplicité ; une figu-
re, un ornement les altére. C'eft
ce que Quinault fçavoit mieux que
perfonne , & les Auteurs qui en-
trent dans la même carriere, ne
peuvent trop fe le propofer pour
modéle. Jamais Poëte n'a eu un
ftile plus propre à fe marier avec
les fons d'un Muficien. Il s'eft dé-

fendu toutes ces tranſpoſitions, tous ces tours hardis, qui dans d'autres genres de Poëſie donnent tant de grace & de force à la verſification. Il a fait un choix des mots les plus harmonieux. Il ne cherche que la douceur. Il regne dans tous ſes Opera une douce élégance dont toutes les oreilles délicates doivent être touchées. Sa naïveté charme, & comme pour les Graces un ornement ne feroit pour lui qu'un voile incommode qui cacheroit une beauté.

Mais pour revenir à notre queſtion, il me ſemble, Madame, qu'il n'eſt pas bien certain que la Muſique ſoit auſſi incapable que le penſoit Deſpréaux, de mettre en chant les expreſſions d'une Poëſie relevée. Le contraire même eſt aſſez clairement démontré, & au jugement de Madame de C... Lulli a rendu toute la nobleſſe des

Chœurs d'Esther & d'Athalie.

Déja grondoient les horribles tonnerres
Par qui sont brisés les remparts,
Déja marchoit devant les étendarts
Bellone les cheveux éparts,
Et se flatoit déterniser les guerres
Que sa fureur soufloit de toutes parts.

Voilà certainement des Vers pleins de la plus grande Poësie ; Lulli est-il demeuré au-dessous de Racine ? Je pourrois vous citer les Motets de la Lande ; mais sans sortir de nos Opera, ne trouvez-vous pas, Madame, que le beau Chœur du premier Acte de Jephté soit égal à tout ce que nous avons de plus sublime dans notre Poësie ? Monteclair me ravit, il me transporte, il me communique son entousiasme, & je me sens comme pénétré de la majesté du Dieu, qui fait trembler d'un regard les Cieux, la Terre & les Enfers.

Quinault a quelquefois fait paroître son talent pour la haute
Poësie, & Lulli alors ne lui est
point inférieur : les fureurs d'Atys
en offrent un exemple qu'on ne
doit pas oublier. Permettez-moi
de vous rappeller ces beaux Vers.

Ciel ! quelle vapeur m'environne ?
Tous mes sens sont troublés, je pâlis, je fris-
sonne,
Je tremble, & tout-à-coup une infernale ardeur
Vient enflammer mon sang & dévorer mon
cœur.
Dieux ! que vois-je ? Le Ciel s'arme contre la
Terre.
Quel désordre, quel bruit, quel éclat de Ton-
nerre !
Quels abimes profonds sous mes pas sont ou-
verts !
Que de Phantômes vains sont sortis des En-
fers !

Je suis fâché qu'au milieu de
son désordre, Atys conserve assez
de présence d'esprit pour sentir

que tout ce qu'il voit ne font que
des *phantômes vains*. Malgré cette légere tache, je ferois tenté
de vous tranfcrire toute cette Scene avec la Mufique de Lulli , fi
ma Lettre n'étoit déja trop lon-
gue. Par le premier ordinaire
j'aurai l'honneur de vous rendre
compte de tout ce que j'ai entendu dire fur les Chœurs & les
Danfes de l'Opera. Je fuis, &c.

TROISIE'ME LETTRE

ENFIN, Madame, le Grand-
Abbé a donc abjuré fes erreurs ; vous ne pouviez nous ap-
prendre une plus agréable nouvelle. Madame de C.... en eft
extrêmement édifiée , & depuis
que N.... a un pareil Compagnon,
il eft moins honteux de trouver
que l'Opera peut devenir une
chofe raifonnable. Il eft convain-
cu , mais il n'eft pas encore fami-
liarifé avec fes nouvelles idées ;
& fon premier mouvement eft
toujours de dire , que l'Opera eft
une folie. Pour l'Abbé, je le foupçonne de n'avoir pas la même
bonne-foi, & il vous fait de fang-
froid tant de mauvaifes chicannes,
qu'il pourroit bien n'être qu'un
hypocrite. Il a trop de peine à fe

rendre , & tout franc je ne conçois point d'où lui peuvent venir
toutes ses difficultés. Il trouve que
nos Régles ne suffisent pas pour
faire un Spectacle raisonnable &
intéressant; il a raison , mais j'aurois crû qu'il étoit inutile de vous
entretenir des autres , parce qu'elles conviennent généralement à
toutes sortes de Poëmes drama-
tiques , & que rien ne peut en af-
franchir un Poëte Lyrique.

Puisque l'Abbé nous y force ,
qu'il sçache donc qu'on a décidé
tout d'une voix , qu'un personnage à l'Opera , comme ailleurs ,
doit toujours conserver son caractére , & que nous trouverions mauvais que ses mœurs ne fussent pas
convenables. Les passions ont un
langage qui leur est propre , &
l'esprit avec ses Madrigaux ne
doit jamais en prendre la place.
En transportant le Spectateur dans

des tems ou chez des peuples éloignés, nous avons fait un devoir au Poëte d'en peindre les mœurs, mais en les rapprochant un peu de nos (a) usages. Racine a eu raison de donner à Achille une certaine dignité qu'il n'a pas dans l'Iliade, & de repréfenter Agamemnon avec la pompe qui accompagne aujourd'hui nos Rois. Perfonne, fi je ne me trompe, ne blâmera Corneille d'avoir profité des idées de grandeur que réveille le nom Romain, pour peindre Rome naiffante avec plus de majefté.

(a) Courir après une peinture trop fidelle des tems où fe paffe l'action, ce feroit s'expofer de gayeté de cœur aux Critiques injuftes qu'on a faites de quelques Poëtes anciens. Ce feroit même travailler péniblement à diminuer notre plaifir, par la néceffité où l'on nous mettroit d'oublier nos ufages & nos coûtumes, & de nous féparer en quelque forte de nousmêmes, pour nous tranfporter avec effort chez des peuples dont les idées ne nous font pas familieres.

Dans

Dans un Opera, ainſi que dans
tout autre Poëme dramatique, l'action doit être complete & ache-
vée ; nous ne voulons permettre
d'y rien ajoûter ; elle doit ſe dé-
velopper avec proportion ; il faut
que l'intérêt aille toujours en augmentant. Le Poëte Lyrique a beſoin du même art que Racine pour
lier ſes Epiſodes à ſon action principale, pour enchaîner ſes Scenes
les unes aux autres, & pour divi-
ſer ſes Actes ſans en enrichir un
aux dépens des autres. Enfin, Madame, comme nous n'avons point
eu ici de Poëte qui nous ait de-
mandé quartier, nous avons fait
tout autant de régles qu'il nous a
plû, & l'Abbé verroit bien que
nous ne faiſons pas les choſes à
moitié, ſi je ne craignois de vous
fatiguer par un détail trop long ſur
une matiere auſſi triviale.

Il a fallu dédommager N.... du
H

chagrin qu'il a reſſenti à avoir ſi
ſouvent tort dans le cours de notre diſpute, & nous lui avons permis d'appliquer toutes ces régles a
Quinault. *Proſerpine* a été traitée
ſans pitié. D'abord l'Epiſode d'Al-
phée & d'Aréthuſe occupe dans
les deux premiers Actes, & cependant ne fait point partie de l'action principale. A ce premier intérêt il en ſuccéde un autre dans
te troiſiéme Acte. Cérès fait tous
ſes efforts pour arracher des larmes, & l'on voit ſans émotion
ſa fureur & les ravages de la Sicile.
Vous vous voyez bientôt tranſ-
porter aux Enfers ; Proſerpine à
ſon tour voudroit toucher ; mais
qui peut s'intéreſſer au retour d'u-
ne Nymphe, qui n'aimoit dans ce
monde que de *belles fleurs* & un
charmant ombrage ? on ne la trouve point déplacée dans les champs
Eliſées, & la piéce qui finit enfin

comme elle a commencé, est terminée par un dénoüement qui n'est point naturel.

Dans *Persée*, Phinée est un brutal aussi farouche qu'Amadis est ailleurs doucereux, & *jusqu'à je vous aime, il dit tout durement.* Parce que Quinault n'a pas eu soin de lui faire dire qu'au défaut du courroux des Dieux, il tentera tout pour faire périr son rival; tous les personnages finissent le quatriéme Acte avec une sécurité qui se communique aux Spectateurs, & ne leur laisse plus attendre que quelque cérémonie ennuyeuse de mariage.

Nous permettons à l'Abbé de prendre autant de liberté que N.... pourvû qu'à son exemple il s'accoûtume à ne plus regarder les défauts de Quinault, comme des défauts inséparables de l'Opera. On abandonne à sa mauvaise humeur

le malheureux *Phaëton* ; je ne fçais
fi fes Critiques feront plus améres
que celles qu'on en a faites ici.
Que penfera-t-il d'*Ifis* ? On lui permet de fe mocquer du badinage
puéril, dont le quatriéme Acte
d'*Armide* eft barboüillé. S'il eft
bien touché des trois premiers
Actes de *Roland*, & qu'il trouve
admirable la paffion d'Angélique,
on lui livre les deux derniers Actes pour en faire tout ce qu'il
voudra.

Je ne puis, Madame, m'em-
pêcher de vous faire part des réflexions de Madame de C.... fur
Amadis. Elles font d'autant plus
curieufes qu'en relevant les défauts de ce bel Opera, elle fait
voir qu'il en auroit fort peu coûté
à Quinault pour en faire une piéce
très-réguliere D'abord, dit-elle,
je ne fais point de grace à l'Epi-
fode de Floreftan & de Corifan-

de ; il n'eſt là que pour le rempliſ-
ſage , & j'en ſuis fâchée ; car l'O-
pera d'Amadis eſt beau , & le ſu-
jet , quoique mal diſpoſé , & un
peu confus , en eſt heureux. Toutes les Scenes ſont touchantes ,
& la variété des caractéres & des
ſituations prête beaucoup au génie
du Muſicien. J'approuve très-fort,
continue-t-elle , que la jalouſie
d'Oriane forme le nœud de la piéce. Cette Princeſſe qui croit Amadis infidelle , a raiſon de lui défendre de ſe préſenter devant elle ; cela eſt dans les régles. Mais
je ne conçois point pourquoi Amadis ignore les ſoupçons de ſa Maîtreſſe , & ne cherche point à les
diſſiper. Il ſe réſigne avec tant de
bonté d'ame à être malheureux ,
qu'on eſt preſque tenté de le laiſſer
faire ſans le plaindre , & je ne puis
ſouffrir que Floreſtan lui diſe , en
parlant d'Oriane , qu'*elle dépend*

d'un pere, qu'elle fuit fon devoir ;
que toute fa reffource eft de pleurer,
& que l'Empereur des Romains l'at-
tend fur fon trône.

On s'imagine que Lifuard a pris
quelque engagement pour le mariage de fa fille, & que la difficulté qu'il y a de manquer de parole à un Empereur Romain, va
former le nœud de la Tragédie ;
mais point du tout. Il n'eft plus
queftion ni de Lifuard, ni d'Empereur Romain. Au cinquiéme
Acte feulement, lorfqu'Urgande
veut unir Amadis & fa Maîtreffe,
Oriane, en fille bien élevée lui
repréfente, qu'*elle dépend d'un de-*
voir févére, & que fon pere a fait
un choix qui s'oppofe à fes vœux.
Urgande ne fait pas grand cas de
cette remontrance, & elle fe fait
fort d'obtenir l'aveu de Lifuard.
On remercie l'Enchantereffe de
fon exceffive bonté, & Oriane

qui a peut-être compris combien
il eſt fâcheux de vouloir être une
parfaite héroïne de Roman, ſe
rend indécemment. Il valoit bien
mieux prévenir cette irrégularité
en ſupprimant les Vers de Floreſtan, & ſuppoſer Oriane maîtreſſe de ſon ſort.

Je deviens bien hardie, continua Madame de C.... vos unités
me ſont reſtées dans la tête, &
il me ſemble qu'il auroit été fort
facile à Quinault de nous laiſſer
tranquillement dans le même endroit. Au lieu que dans cet Opera l'on ne ſçait jamais où l'on eſt,
ce qui donne de l'inquiétude au
Spectateur, qui empêchoit de ſuppoſer qu'Arcalaüs & qu'Arcabonne profitent de l'abſence d'Amadis, pour s'établir dans la forêt qui
entoure le château d'Oriane, &
qu'ils veulent venger ſur cette
Princeſſe la mort de leur frere qui

a fuccombé fous les armes de fon Amant? Cependant Amadis, dont je voudrois rendre le caractére un peu plus piquant, apprend le danger dont Oriane eft menacée, & vole à fon fecours. Il entreprend tout pour lui rendre fa liberté, mais il tombe lui-même dans un piége de fes ennemis. Ce font enfuite les mêmes fituations jufqu'au moment qu'Urgande, la grande Enchanterefle, vient délivrer les deux Amans. Au lieu de les tranfporter je ne fçais où, j'aurois voulu qu'elle eût pris le parti de chafler Arcalaüs & Arcabonne des Terres d'Oriane, & de détruire leurs enchantemens : de cette maniere l'unité de lieu n'eût point été violée.

Madame de C.... ne s'en tint pas-là. Oriane, dit-elle, croit qu'Amadis eft infidéle & qu'il aime une certaine *Briolanie* qu'il n'aime pas,

&

& que je ne connois point. Cette jalousie mal-placée & sans fondement rend Oriane ridicule; on la prend pour une folle. J'aimerois bien mieux que cette Princesse fût jalouse d'Urgande même, qu'on supposeroit avoir toujours protégé Amadis. Urgande, dans Quinault, a tout l'air d'une machine, & de la maniere dont j'imagine les choses, son arrivée sur le Théâtre seroit préparée. La délivrance même d'Amadis & de sa Maîtresse feroit une situation intéressante. Oriane auroit la joye de retrouver un Amant qu'elle croyoit mort ; mais son bonheur seroit bientôt troublé en voyant qu'elle le doit aux soins de sa Rivale. Quel coup de Théâtre ! Alors je ferois paroître Urgande pour expliquer ses vrais sentimens. Elle calmeroit Oriane en lui apprenant qu'elle admire le courage d'Ama-

I

dis , & qu'elle fe fait une gloire
de protéger fa vertu, mais qu'elle
n'exige point d'autres fentimens
de lui que ceux de la reconnoiffance , & ne veut d'autre prix de
fes foins que l'avantage de cou-
ronner les feux des deux plus fi-
déles Amans.

Tant de Critiques ne nous ont
rien fait perdre de l'admiration que
nous avions pour Quinault. Tous
fes défauts font rachetés par ces
traits heureux de génie, qui ca-
ractérifent les grands hommes.

Que croyez-vous, Madame,
que penfoit Lulli, quand il commença à mettre en Mufique (a)
Achille & Polixéne ? L'action en
eft mal imaginée & peu intéreffante ; à peine y trouve-t-on deux ou
trois Scenes qui prêtent au chant ;

(a) Les paroles de cet Opera font de M.
Campiftron. L'ouverture & la Mufique du premier Acte font de M. Lulli ; tout le refte eft
de la compofition de Colaffe.

encore comment font-elles traitées ? Qu'un pareil fujet entre les
mains de Quinault, feroit devenu
vif & touchant ! Que l'amour de
Polixéne auroit fait naître de fons
tendres au Muficien ! La jaloufie
de Briféïs eût fourni un caractére tout différent à la Mufique.
Achille défarmé par l'amour &
plein de fa paffion, auroit cependant confervé ces mœurs impé-
tueufes & infléxibles que lui donne Homere. Les foupirs de Priam
& d'Andromaque auroient arraché des larmes à tous les Spectateurs.
teurs. Tout fe feroit animé fous le
pinceau de Quinault. Il auroit ban-
ni de fon Opera un Agamemnon,
un Diomède & un Patrocle, comme des difcoureurs infipides, &
qui ne font propres qu'à embar-
raffer un Muficien.

Thétis & Pelée nous annonça
un génie bien propre à nous con-

foler de la perte de l'Auteur d'A-
tys, & à porter l'Opera à fon plus
haut degré de perfection ; mais
malheureufement pour nous autres ignorans, la Philofophie avoit
de trop grands droits fur lui, &
elle l'enleva à la Poëfie, pour laquelle il paroiffoit fait. Nous avons
eu depuis Héfione, Tancrede,
Iffé, Omphales, Iphigénie, &
quelques autres piéces pleines des
plus grandes beautés ; mais en général nos Poëtes n'ont point affés
refléchi fur leur art, & quelques-
uns d'entre-eux ont même regar-
dé ce genre de Poëfie comme
quelque chofe au-deffous d'eux,
& qui les auroit dégradés.

Je me fuis fi fort égaré, Madame, que je ne fçais pas trop
comment j'en pourrai venir aux
Chœurs de nos Opera, & pour
vous tenir la parole que je vous ai
donnée, vous faire part de tout

ce qu'on a dit ici fur cette matiere. Je m'étois bonnement imaginé que les Chœurs ne fouffri-
roient aucune difficulté, & qu'ils
alloient même fervir de fceau à la
reconciliation de N.... avec l'O-
pera ; mais j'apprends bien à être
circonfpect dans mes jugemens.
A peine lui eu-je dit que nous de-
vions à nos Poëtes Lyriques l'a-
vantage de reffembler aux Anciens
par les Chœurs qui répandent tant
de pompe & de majefté dans un
Spectacle, qu'il m'avertit très-fé-
rieufement de n'aller pas fi vîte,
& que le Chœur de fes Tragiques
& celui de mes faifeurs d'Opera ,
n'avoient rien de commun que le
nom. N....... eft tout plein de
cette matiere, & nous allions faire une Differtation immenfe que
vous auriez été condamnée à lire,
fi heureufement pour vous Madame de C.... n'eût pris la paro-

le, lorsque N.... entamoit ses réflexions. Je vous vois venir avec
vos Grecs, lui dit-elle fort vivement; je lis le Théâtre du Pere
Brumoy, & vos Chœurs refroi-
dissent terriblement une action.

Il faut que je fasse un peu la sçavante, ajoûta-t-elle en souriant.
Je ne vois rien de si peu lié à une
action que les Chœurs des Tragédies anciennes. Qu'a-t-on affaire d'une multitude oisive qui chante dans les Entre-actes les loüanges des Dieux & des Héros, ou
qui, en moralisant sur ce qui se
passe sous les yeux du Spectateur,
me dérobe le plaisir de penser par
moi-même? Tout cela (a) fatigue,

(a) *Les Grecs distinguoient les Actes par le*
chant du Chœur, & cette maniere de les distin-
guer, étoit plus incommode que la nôtre; car ou
l'on prêtoit attention à ce que chantoit le Chœur,
ou l'on n'y en prêtoit point. Si l'on y en prêtoit,
l'esprit de l'Auditeur étoit trop tendu, & n'a-
voit aucun moment pour se délasser. Si l'on n'y en
prêtoit point, son attention étoit trop dissipée

ne précipite point l'action, & me
paroît encore plus déplacé que les
Stances de nos anciennes Tragédies, ou que ces belles tirades qui
vous mettent avec raison de si mauvaise humeur.

Je sçais bien que souvent les
Chœurs de nos Opera ne sont
aussi qu'une foule de gens désœu-
vrés qui ne viennent sur le Théâtre que parce que leur Maître le
leur commande, ou que le Poëte
les y envoye; mais enfin, ils n'ont
point de tems fixe & déterminé

par la longueur du chant, & lorsqu'un autre
Acte commençoit, il avoit besoin d'un effort de
mémoire, pour rappeller en son imagination ce
qu'il avoit déja vû, & en quel point l'action
étoit demeurée. Nos Violons n'ont aucune de
ces deux incommodités. L'esprit de l'Auditeur
se relâche, durant qu'ils joüent, & réfléchit
même sur ce qu'il a vû, pour le loüer ou pour
le blâmer, suivant qu'il lui a plû ou déplû, &
le peu qu'on les laisse joüer, lui en laisse les
idées si récentes, que quand les Acteurs revien-
nent, il n'a point besoin de se faire d'effort pour
rappeller & renoüer son attention. Corneille,
Dis. 3.

pour parler, & ils n'embarraffent point continuellement la Scene de leur préfence. Nos Poëtes ont eu quelquefois l'art de faire joüer un rôle à ces Chœurs, & l'on ne fçauroit trop nous loüer de nous être affranchis de deux régles que les Anciens avoient imaginées affez mal à propos, & qui n'étoient bonnes qu'à les faire tomber dans mille défauts contre la vrai-femblance.

Madame de C.... fouffre furtout très - impatiemment la préfence continuelle d'un Chœur fur le Théâtre. Comme il n'eft pas jufte, dit-elle, qu'il foit fimple Spectateur d'une belle Scene, il arrive qu'on en gâte les plus beaux morceaux pour lui faire dire quelque chofe, & lui donner une contenance. Au milieu de tout ce que la paffion exprime de vif & de tendre dans les adieux d'Alcefte &

d'Admete, n'eſt-il pas bien amuſant de voir un Chœur qui prend froidement la parole pour ſe rendre garant des ſentimens d'Admete, ou pour lui faire des (a) complimens? On ne peut rien reprocher de pareil aux Chœurs de nos Opera, & dans les ſituations pathétiques nos Poëtes ont toujours eu ſoin de faire diſparoître le Chœur, afin que les principaux perſonnages fuſſent libres, & qu'ils puſſent ſe livrer avec bienſéance à tous leurs ſentimens.

Mais ce n'eſt pas aſſez, continua Madame de C..... pour ce

_____

(a) *Ceſſez d'être inquiettée, Madame*, dit le Chœur à Alceſte qui prie ſon mari de ne pas ſe remarier, *je ne crains point de répondre pour votre Epoux. Il fera ce que vous ſouhaitez; & ne faudroit-il pas être un inſenſé pour refuſer de ſouſcrire à de ſi juſtes ſouhaits?* Il dit enſuite à Admete; *Je partage avec vous, Seigneur, de ſi légitimes regrets. Ainſi l'ordonnent mon amitié pour vous, & ma vénération pour Alceſte.*

Chœur éternel de glacer le Spectateur dans les endroits les plus
touchans ; sa présence devient
quelquefois ridicule. Je suis en
peine des secrets des principaux
Personnages, & je ne sçais comment une action peut subsister.
Tantôt je voudrois pouvoir m'imaginer que ces Chœurs Grecs sont
composés de gens plus discrets &
plus sages que nous autres Modernes ; car je voudrois bien que
les Héros de l'Antiquité ne fussent
pas des étourdis. Tantôt je suis
assez folle pour avoir recours au
Merveilleux que les Anciens pro-
diguent souvent dans leurs piéces,
ou je cherche dans la forme de
leur Théâtre quelque excuse à
leurs fautes. Mais bientôt toutes
mes idées se détruisent les unes
les autres ; & je vois enfin, que
malgré mes bonnes intentions, il
faut toujours finir par n'admirer

que la malice de ce Chœur, qui
dès le second Acte pourroit souvent tirer les Personnages d'inquiétude, & qui se tait pour se réjoüir
à leurs dépens.

Nous n'avons point pardonné
aux Grecs de s'intéresser au sort
de la Phédre d'Euripide, qui fait
confidence de son amour à tout
le Chœur. Madame de S.... ne
vouloit point croire une pareille
effronterie de sa part. Quoi, disoit-
elle, son *Enone* ne lui arrache pas
son secret par force ! Comment
votre Euripide, ajoûtoit-elle en
s'adressant à N.... peut-il ensuite
la faire rougir de sa passion ? Cela
fait frémir, je n'y conçois rien,
& je ne veux point d'un Chœur
qui fait faire de pareilles fautes.

N.... auroit eu la hardiesse de
répondre à tout cela ; mais Madame de C.... ne lui en donna
pas le tems. J'ai un autre reproche

à faire à vos Chœurs , lui dit-elle,
J'ai lû ce matin l'Iphigénie en Tauride , & je fuis très-forte fur ce fujet. La reconnoiffance d'Orefte
& de fa fœur fe fait en préfence
du Chœur. Je fuis très-fâchée que
ces imprudens Perfonnages ne
cachent point les mefures qu'ils
prennent pour tromper Thoas ,
pour enlever la Statuë de Diane
& fuir dans la Grece. Iphigénie
ouvre enfin les yeux & reconnoît
fa faute. Elle s'humilie devant le
Chœur, embraffe fes genoux, répand des larmes, & le conjure au
nom de ce qu'il a de plus cher de
ne la point trahir, & elle en exige un ferment. Voilà un Chœur
que je plains beaucoup. S'il eft fi-
déle à Iphigénie, il va périr fous
la vengeance de Thoas. Sçavez-
vous ce qu'imagine Euripide pour
fauver ce Chœur charitable &
complaifant qu'il feroit fcanda-

leux de laisser périr ? Il fait des miracles. Cela ne lui coûte rien , & il faut que Minerve qui n'a rien à voir à tout ceci , tombe des nuës sur le Théâtre , & vienne dénoüer une piéce dont un Chœur perpétuel n'a pas permis de rendre l'action raisonnable ni le dénoüement vrai-semblable.

N.... ne put s'empêcher de convenir qu'il n'y eût quelque apparence de justesse dans ces Critiques ; mais il fallut nous résoudre à nous entendre dire qu'il ne suffit pas d'avoir de l'esprit & du goût pour critiquer les Anciens, & qu'il falloit s'en rapporter aux Sçavans qui admiroient précisément les choses que nous blâmons faute de connoître les coûtumes autre fois établies dans la Grece. Madame de C.... en conclut contre tous les Sçavans du monde , que ce n'étoit donc pas une rai-

fon de condamner les Chœurs de
nos Opera, parce qu'ils ne reffemblent pas à ceux des Anciens. N...
fit femblant de ne pas entendre la
difficulté, & paffant de l'apologie
à la loüange, fi les Anciens, re-
prit-il, doivent quelques-unes de
leurs fautes à leurs Chœurs, on
en eft bien dédommagé. La néceffité où ils étoient de donner un
Rôle à la multitude, pour flatter
des peuples amoureux du gouvernement libre, les forçoit à ne mettre fur la Scene que des intérêts
publics. Une action tragique n'é-
toit point comme chez nous une
petite intrigue domeftique qui ne
roule qu'entre cinq ou fix perfonnes, qui, fi elles n'étoient pas des
Rois ou des Princes, ne joüe-
roient qu'une Comédie.

Enfin, Madame, car il feroit
inutile de fuivre N.... dans tous fes
raifonnemens, les Grecs avoient

des reſſources infinies dans le génie. Ces Chœurs qui nous feroient
toujours échoüer, ont ſouvent fait
naître entre leurs mains des ſuf-
penſions & des coups de Théâtre
miraculeux, auſquels ils n'auroient
peut-être pas penſé ſans cela.

N.... commençoit à nous en
donner quelques exemples; mais
il plut au Chevalier de l'interrom-
pre. Mon pauvre N...., lui dit-il,
la choſe eſt décidée, laiſſez vos
Grecs, Madame a raiſon, un
Chœur éternel eſt fort déſagréa-
ble à voir. J'aime la variété, &
des gens irrévocablement plantés
ſur les côtés & dans le fond d'un
Théâtre, ont fort mauvaiſe grace,
Les trois quarts n'ont point de contenance. On fait bien de n'en pas
charger la Scene, & je trouve
beaucoup plus commode de les
tenir dans les couliſſes toujours
prêts à venir dès qu'il plaît à un

Perſonnage de dire, *Venez*, *accourez à ma voix*. Cela eſt bien imaginé, & dès qu'on n'a plus affaire de ce Chœur, on le renvoye ſe repoſer.

Si j'étois bien ſûr, Madame, que les folies du Chevalier vous amuſaſſent, je vous en aurois fait part plus ſouvent. Mais comme vous me le marquez dans votre derniere Lettre, l'affaire de l'Opera devient trop ſérieuſe pour lui faire joüer un grand Rôle dans tout ceci. Madame de C.... ne trouva pas qu'il fût heureux dans ſes idées. Je gage, Chevalier, lui dit-elle d'un ton de bonté qui étoit bien malin, que Monſieur de N.... n'eſt pas tout-à-fait de votre avis. Il voudra peut-être que les Chœurs ne ſoient pas une machine, mais qu'ils joüent un perſonnage, & qu'ainſi ils ayent toujours quelque raiſon pour entrer

ſur

ſur la Scene ou pour en ſortir.
C'eſt à quoi, pourſuivit-elle, nos
Poëtes n'ont pas toujours fait attention, & je crains bien que nos
Chœurs ne nous faſſent ſouvent
de mauvais tours, tant que nous
nous ferons une régle de les introduire régulierement dans chaque
Acte.

A ces conditions mêmes, repartit N.... je ne me reconcilie-
rois pas avec les Chœurs des O-
pera. Que Quinault & ſes pareils
ayent montré tant de goût qu'on
voudra dans la maniere dont ils
ſe ſont ſervis des Chœurs; j'y con-
ſens. Je veux bien que toute l'Antiquité ait eu tort; mais enfin elle
n'a jamais perdu le bon ſens juſqu'à
faire danſer ſes Chœurs. Avoüez,
dit-il, que des *Gargouillades* & des
Entrechats ſont merveilleuſement
propres à augmenter la terreur ou
la pitié dans une Tragédie. A ſon

K

avis, les Italiens, à qui nous avons
fi fouvent reproché de confondre
tous les ornemens, & de faire un
mêlange ridicule de Comique &
de Tragique , n'ont jamais fait
d'affemblage auffi extravagant. Il
étoit fort du fentiment de votre
Abbé, qui croit que la Danfe porte avec elle un caractére de gayeté, qui ne peut s'allier qu'avec la
Comédie. C'eft quelque chofe de
joli , dit-il, que des diables qui
danfent, & il lui paroît fort fingulier que les démons qu'Ifménor
évoque des Enfers, fe mettent à
danfer pour montrer leur puiffance & celle du Magicien. Enfin il
prétend que la Danfe rompt la fuite de l'impreffion que peut faire
une action intéreffante ; & il finit
par s'écrier, ô tems, ô mœurs !

Peu s'en eft fallu, Madame, que
la Danfe n'ait été bannie de nos
Opera. Madame de C.... a laiffé

dire à N.... tout ce qu'il a voulu.
Son peu de goût pour le Bal lui
faiſoit voir avec indifférence la
ruine totale de la Danſe, j'eus beau
la prier de la prendre ſous ſa protection. Vos Danſes m'ont ſouvent
ennuyée, il faut avoir de la bonne-
foi, ajoûta-t-elle en badinant, &
tout ce que je puis faire pour l'a-
mour de l'Opera, c'eſt de n'être
pas témoin du triomphe de N....
je vous laiſſe.

Je fis d'abord remarquer que la
Danſe n'avoit pas toujours été ce
qu'elle eſt parmi nous Nous ſommes, dis-je à N.... bien plus graves que vos Anciens. Aujourd'hui
la Danſe n'eſt qu'un exercice deſti-
né à la joye, il faut être au Bal
pour danſer, & elle n'entre plus
dans les actions ſérieuſes de la vie.
Il n'en étoit pas tout-à-fait de même chez les Anciens. Ils avoient
leurs Bals comme nous, & ſans

parler de leur Théâtre où la Danse étoit fort bien reçûë, elle faisoit partie des exercices Militaires. Elle étoit même consacrée d'une façon particuliere à la Religion. Vous sçavez que les Prêtres dansoient dans les Temples, & il n'est presque jamais parlé d'un de leurs grands Sacrifices, qu'il ne soit fait autant mention de jeunes filles & de jeunes garçons qui forment des pas mesurés autour de la victime, que d'Autel & de Sacrificateur.

Certainement si les anciens Grecs pouvoient revivre parmi nous, ils nous passeroient les Danseurs de nos Opera. Vous, poursuivis-je, qui êtes tout plein de leurs usages, comment pouvez-vous, par exemple, condamner les Phrygiens & leurs Danses dans le premier Acte d'Atys ? Vous allez avoir une affaire avec tout

Paris ; on ne souffrira point que
vous nous priviez de voir cette
Terpsicore dont *tous les pas sont
des sentimens*. Humanisez - vous.
Votre Critique ne trouvera encore
re que trop à s'exercer contre les
Danses de nos Opera. Tantôt elles
les feront déplacées, ou sentiront
la machine , tantôt elles n'auront
pas le caractére qui leur convient.

Il faut convenir, Madame , que
la Danse est souvent ridicule dans
nos Opera. N.... a raison ; les
Démons d'Isménor sont de francs
imbéciles de ne pas imaginer quelque
que chose de plus difficile que des
Danses , pour faire sentir la puis-
sance de leur Maître. J'en dis tout
autant de ceux·à qui Arcalaüs ordonne d'effrayer Amadis. Ils prennent un fort mauvais parti , &
la derniere folie qui devoit leur
passer par la tête , étoit de faire
des Caprioles & des Entrechats.

Les Diables dans ces circonstances peuvent donner quelqu'autre Spectacle, comme de faire pâlir le jour, d'exciter quelque tempête, quelque orage, de bouleverser la face des lieux, &c.

Ce n'est pas, Madame, que je croye qu'il faille être du sentiment de N.... qui ne voit rien de plus fou que des Démons qui dansent. C'est qu'il n'a pas cherché dans la Fable ou dans les rêveries des Cabalistes à s'en faire une idée. Il se peint les Démons comme des Esprits éternellement déchirés par leurs remords & par leurs supplices, au lieu de ne les regarder que comme des Génies malfaisans, qui doivent être bien aises qu'on les tire de leurs retraites pour faire du mal dans ce monde. Lorsque Médée évoque les habitans des Enfers pour goûter avec elle *l'unique bien des Cœurs infortunés, qui est de n'être pas seuls misérables,* personne n'a été choqué que les Diables exprimaffent leur joye par des Danfes ; & cet art en effet a un caractére particulier qui convient à des Diables.

Mais eft-il bien vrai que la Danfe interrompe l'impreffion que doit faire une action intéreffante ? Dans toutes les Tragédies il y a des paffages d'une paffion à l'autre ; c'eft ce flux & reflux d'efpérance & de crainte, ce font les changemens & les contraftes de fituations qui produifent un des plus grands plaifirs du Théâtre. C'eft fouvent en faifant paffer fes Perfonnages de la joye à la crainte, du trouble à la tranquillité, qu'un Poëte a l'art de devenir plus tragique. Pourquoi donc la Danfe produiroit-elle toujours un mauvais effet dans nos Opera ? Les Fêtes du quatriéme Acte d'Atys ne me font per-

dre de vûë ni Sangaride, ni son
Amant. J'en appelle à l'expérience. Le Spectateur qui est au fait
de l'intrigue, se garde bien de
partager avec Sangar & le Chœur
la joye trompeuse à laquelle ils
s'abandonnent. Son trouble augmente au contraire. L'intérêt qu'il
prend au fort d'Atys en devient
plus vif. Il plaint l'aveuglement de
Celenus, & il se sent d'autant plus
agité que la sécurité qui régne sur
le Théâtre est plus grande.

Pour dire quelque chose de
plus précis, il me prend fantai-
sie, Madame, de distinguer de
deux sortes de Fêtes, & je sou-
haite que vous approuviez mon
idée. Les unes sont partie essentielle de l'action ; les autres n'y
font point nécessaires, elles ne
font que vrai-semblables, & c'est
un ornement qu'on peut en re-
trancher sans lui rien enlever
d'essentiel.

d'essentiel. Certainement les premieres augmentent l'émotion &
le trouble , ou les laissent du
moins subsister dans tout leur en-
tier. Vous l'avez éprouvé plusieurs
fois. Quand Amadis tombe dans
le piége que lui tendent ses ennemis , la Danse de l'Actrice qu'il
prend pour Oriane, ne cause point
un plaisir qui fasse oublier l'intérêt qu'on prend au sort de ce Héros , au contraire elle tient lieu
d'un Dialogue très animé , & si
l'on osoit , on avertiroit Amadis
de la supercherie qu'on lui fait.

A l'égard des Fêtes qui ne sont
pas essentielles à l'action , il faut
avoüer que c'est souvent assez pour
elles que de ne pas entierement
refroidir le Spectateur : des exemples vont faire entendre ma pensée. Qu'après une victoire on célébre des jeux à l'honneur du Vain-
queur ; qu'au retour d'un Prince

L

ou d'une Princesse le peuple te-
moigne sa joye, ou qu'un mariage
soit accompagné de Danses, rien
n'est plus naturel. Mais comme
tout cela est, pour ainsi dire, étranger à l'action, on se laisse distraire,
on s'occupe du Danseur, on oublie les principaux Personnages;
& enfin après la Fête on a besoin
de refléchir & de faire un effort
sur soi-même pour reprendre le
fil de l'action. Je conseillerois à
nos Auteurs de n'introduire de
pareilles Danses que dans les premiers Actes d'un Opera. Quand
une fois l'intérêt est devenu plus
vif, le Spectateur ne goûte plus
que ce qu'il trouve absolument
nécessaire à l'action.

Si l'on juge de nos Opera sur
ces régles, je ne doute point
qu'on ne convienne que la Danse
n'en fasse souvent un ornement
très-raisonnable; mais aussi ce sera

faire le procès à presque tous nos
Poëtes. Je suis fâché que Quinault
même n'ait pas toujours été aussi
sage que dans Alceste, où un Acte se passe sans Fête ; c'est celui
de la pompe funébre d'Alceste. Il
auroit été extravagant de faire paroître des Danseuses dans un moment où tout doit se ressentir de
la profonde tristesse que répand
la mort d'Alceste. Aussi Quinault
substitue-t-il aux Danses un autre
Spectacle. *Un transport de douleur*
saisit le Chœur, une partie déchire
ses habits, l'autre s'arrache les che-
veux, & chacun brise aux pieds de
l'image d'Alceste les ornemens qu'il
porte à la main.

L'espéce de loi qu'on s'est faite
de mêler un divertissement à chaque Acte, est la chose la moins
raisonnable qu'on puisse imaginer.
C'est vouloir nous jetter dans tous
les inconvéniens où les Chœurs

ont fait tomber les Anciens. Quinault se verra forcé de faire danser
dans Cadmus les hommes armés
qui naissent des dents du Dragon,
qu'on a semées. Les Paysans de
Sicile formeront un Ballet, tandis
que Cérès en fureur met le feu à
leurs moissons. Que sçai-je? Il n'y
aura pas jusqu'aux monstres de l'an-
tre des Gorgonnes que la fureur
& la vengeance ne fassent danser.
Si nos Poëtes n'ont pas le courage de consulter plus le bon sens
que l'usage établi, ils tomberont
dans mille défauts contre la vraisemblance, & se verront même
forcés de mêler à leur action quelque chose d'absolument étranger.

Tout grossiers que sont ces défauts, Quinault n'en est pas toujours exempt. La Fête du troisiéme Acte de Roland est tout-à-fait
déplacée. Il est vrai que si Angélique & Médor n'eussent rien eu à

craindre, ils auroient pû accom-
pagner leur mariage d'un diver-
tiffement. Mais dans le tems que
ces Amans préparent en secret
leur fuite , & qu'Angélique feint
de fe radoucir en faveur de Roland , eft-il vrai - femblable que
pour avoir occafion de donner
une Fête , cette Princeffe déclare
à tous fes fujets qu'elle aime Médor , & qu'elle le place fur fon
trône ? J'aimerois tout autant, &
même mieux , la méthode des Italiens , qui fans fçavoir pourquoi ,
rempliffent l'intervalle des Actes
par des Danfes. La Fête de l'Acte fuivant, quoiqu'elle ne pêche
point contre la vrai-femblance ,
n'eft pas peut-être plus raifonnable;
elle n'eft point liée à l'action : c'eft
une troupe de Bergers & de Ber-
geres qui prennent part au bonheur de Coridon & de Bélife ;
chofe tout-à-fait étrangere à Mé-
L iij

dor, à Angélique & à Roland.
Le hazard les conduit à la *Fontaine de l'Amour*, & moyennant
deux ou trois autres hazards, cette Scene fert à la Tragédie, & en
prépare le dénoüement.

N.... qui eft l'ennemi juré de
nos Fêtes, les attaque de tout côté, & je n'en fuis pas furpris : car
ce font, à dire vrai, des efpéces
d'écueil, où nos Poëtes vont prefque toujours échoüer. Il fe plaint
qu'il n'y ait ordinairement rien de
plus déplacé que les Ariettes qu'on
y chante. Ce font perpétuellement, dit-il, de petites Himnes
en l'honneur de l'Amour, & l'ufage paroît avoir confacré ces ridicules contre-fens. La Critique
eft jufte. Dès que nos Poëtes font
arrivés à une Fête, ils répandent
à tort & à travers leurs fleurettes,
& ne fçavent que dire les plus jolis mots du monde fur les plaifirs

d'un cœur tendre. Quand Médée imagine de donner une Fête pour regagner un mari volage qui est prêt à la répudier & à épouser Créuse, elle auroit dû recommander à ses gens de moins parler de la douceur d'aimer. Il ne s'agissoit pas de cela; il falloit ne vanter que les charmes de la constance & de la fidélité. Quinault s'est bien gardé de tomber dans de pareilles méprises. Chez lui tout a un air de caractére qui charme, & les Chants qui accompagnent les Danses, ont toujours un rapport marqué à la situation qui les amene.

Les Fêtes qu'il est si difficile d'introduire dans nos Tragédies, ne demandent presque point d'art dans nos *Ballets*. Vous avez raison de dire, Madame, que si depuis Quinault nous n'avons que Thétis & Pelée qui égale Atys, il faut convenir que plufieurs de nos Poëtes qui ont fait des Ballets, l'ont laiffé bien loin derriere eux. Les *Fêtes de l'Amour & de Bacchus* reffemblent beaucoup aux mauvaifes Paftorales qui les avoient précédées. *Le Triomphe de l'Amour* n'eft encore qu'un affemblage de Scenes découfuës, où différentes perfonnes viennent reconnoître fa puiffance : il n'y a ni art, ni intérêt à tout cela.

Nos Poëtes ont depuis imaginé des Ballets, dont chaque Entrée forme une action complette. *L'Europe galante* eft un modéle parfait en ce genre. Il faut beaucoup d'art dans ces Ballets pour fçavoir raccourcir une action, & lui conferver fon intérêt. Mille pardons, Madame, fi j'ofe vous parler de nos Ballets, je devrois me taire après avoir lû ce que vous m'en écrivez, rien n'eft plus fage ni plus ingénieux. J'ai fait tous vos complimens, & N.... me charge de vous dire qu'il ira, & pleurera deformais à l'Opera tant que vous voudrez. Je fuis avec un refpect très-profond, &c.

QUATRIE'ME LETTRE.

VOus ne fçauriez croire, Madame, avec quelle chaleur nous avons parlé Mufique. Pour de parfaits ignorans, nous n'avons pas laiffé que de faire beaucoup de bruit. N.... nous a fait mille contes de fes Anciens ; Madame de C.... eft bien aife qu'ils fe foient réjoüis dans leur tems ; mais Madame de S.... qui en eft jaloufe, a pris, pour fe confoler, le parti de n'en rien croire. Elle eft là-deffus dans un pyrronifme, qui fait craindre à N.... un endurciffement total. N'eft-il pas bien affligeant pour lui, qu'en dépit de Galien, on ne veüille pas croire qu'il y avoit des Medecins qui guériffoient certaines maladies en joüant de la Fluté fur la partie

affligée, & que ni Sciatique, ni
Epilepfie n'ofoit tenir contre une
Chanfon Thébaine?

Si la Mufique des Anciens n'a
pas abfolument fait des miracles
du premier Ordre, on ne peut
cependant refufer à N.... que les
Grecs n'euffent des organes (a)
bien mieux difpofés que nous à
fentir tous les charmes de la Mufique. Cet art étoit cultivé parmi
eux avec infiniment plus d'attention qu'il ne l'eft aujourd'hui. Je
vous fais grace de l'hiftoire de
Thémiftocles à qui fes talens Militaires & fes grandes victoires n'a-
voient pas donné le droit de ne
fçavoir pas toucher de la Lire.
Les Grecs furent fort fcandalifés

(a) Voyez le Dialogue de M. l'Abbé de
Châteauneuf fur la Mufique des Anciens. C'eft
un ouvrage très-fçavant, & dont l'érudition eft
dépouillée de tout ce fatras pédantefque qui
rebute les gens du monde : on ne fçauroit trop
le lire pour fe former le goût.

de son ignorance ; aussi regardoient-ils la Musique comme une affaire d'Etat.

Je ne plaisante point, Madame, & il n'y a pas moyen d'en douter après le témoignage de Polybe. Je ne sçais dans quel endroit de son histoire (a) il veut expliquer pourquoi les Cynéthéens sont si différens des autres peuples d'Arcadie. Vous allez peut-être croire que Polybe, en qualité de politique très-profond, va recourir à leur gouvernement, à leurs loix, à leur police ; point du tout. Les Cynéthéens ne sont en horreur par leurs crimes à toute la Grece, que parce qu'ils ne sont pas Musiciens. Les voilà donc avec cette rusticité de mœurs que les Arcadiens perdoient dans un exercice continuel du Chant. Ceux-ci sont doux, justes, moderés ; &

(a) Livre 4. Chapitre 5.

les autres font des brutaux toujours prêts à tomber dans les derniers excès de cruauté & de perfi-
die. Auffi en guife de Morale,
Polybe finit-il fes raifonnemens
par un bel éloge de la Mufique,
& en exhortant tous les peuples à
faire des Concerts perpétuels.

Il eft bien naturel qu'avec la
paffion que les Grecs avoient pour
la Mufique, ils ayent fait de plus
grands progrès que nous dans cet
art ; on les a attaqués très-injufte-
ment de ce côté-là. La feule chofe qu'il y avoit à craindre pour eux,
c'eft que fe laiffant entraîner par le
charme de l'harmonie à laquelle
ils étoient fi fenfibles, ils n'euffent
facrifié le plaifir du cœur & de
l'efprit à celui des oreilles. Mais
pour peu que vous en euffiez en-
vie, il me feroit aifé, en me pa-
rant de l'érudition de N.... de
vous prouver qu'ils avoient un

goût exquis fur cette matiere. Les Anciens avoient une idée jufte de la Mufique; ils étoient incapables de loüer le bizarre & le forcé, & de donner à tout cela de beaux noms.

En vérité, Madame, N.... nous a fi bien fait connoître le vrai caractére de la Mufique, que je ne conçois pas comment on a le front de vouloir nous préférer les Italiens. Certainement fi elle ne cherche qu'à chatoüiller l'oreille, nous devons leur céder le pas; mais ce feroit trop dégrader cet art, ou plûtôt ce feroit trop dégrader les hommes. C'eft l'expreffion qui fait tout le charme du Chant auprès des perfonnes qui ont un cœur & du fentiment. On veut par-tout retrouver la nature; & l'harmonie ennuye, quelque parfaite qu'elle foit, dès qu'elle eft autre chofe qu'un moyen pour remuer plus fûrement nos paffions.

On dit depuis long-tems que les Italiens aiment le clinquant dans les ouvrages d'efprit; ce mauvais goût s'eft peut-être répandu fur leurs autres talens. Leurs Muficiens ne fongent en effet qu'à faire valoir une voix. Ce font à tort & à travers des paffages, des tenuës, des roulemens, des diminutions, des tremblemens, & tous ces ornemens du Chant qui font fentir à l'oreille tout ce qu'une belle voix peut produire de plus délicat & de plus brillant, de plus vif & de plus harmonieux.

C'eft un plaifir, Madame, que d'entendre dogmatifer N.... car enfin il eft à fon aife, & n'effuye plus de contradictions. Il pourroit bien n'avoir pas tort en penfant que la préférence que tous les Étrangers donnent à la Mufique Italienne, ne décide de rien : je

veux vous faire part de son raisonnement. Qu'importe, dit-il, que
des Allemands ou des Anglois,
qui ne sçavent pas un mot de François ni d'Italien, ne goûtent pas
nos Opera ? ils n'en sont pas Ju-
ges; ils sont incapables de sentir
le rapport qu'il y a entre les paroles de Quinault qu'ils n'enten-
dent pas, & les sons de Lulli; &
n'ayant plus dès-lors le plaisir que
cause une expression fidelle de la
nature, qui seule est capable de
toucher, de remuer & de donner
ce vif intérêt qu'on cherche aux
Spectacles, il faut qu'ils se rabat-
tent sur le plaisir des oreilles En
ce cas je plains beaucoup Lulli,
& les sons divins qu'il a mis sur
ces Vers de Sangaride,

Toujours aux yeux d'Atys je serai sans appas :
Je le sçais, j'y consens, je veux, s'il est possible,
    Qu'il soit encor plus insensible.

                                              S'il

S'il me pouvoit aimer que deviendrois-je? Hélas!
C'est mon plus grand bonheur qu'Atys ne m'aime pas.

les sons, dis-je, qu'il a mis sur
ces Vers, plairont moins que le
dernier badinage de la Musique
Italienne, & que toutes ces folies
que les Etrangers se garderoient
bien de goûter, s'ils pensoient
combien elles sont peu le langage
du cœur.

Le grand mal, Madame, c'est
que les trois quarts des François
qui fréquentent l'Opera, sont de
vrais Allemands, & n'en ont point
d'idée. Ils n'ont que des oreilles,
& au lieu de penser que l'Opera
est l'imitation d'une action, ils ne
le regardent que comme un Concert : c'est-là ce qui gâte tout à
la fois les Musiciens & les Acteurs
toujours jaloux d'attirer les applau-
dissemens de la multitude. J'ai vû

M

même des gens de beaucoup d'esprit se fâcher contre un Acteur, qui pour mieux rendre la nature étouffe & retient sa voix avec art, & applaudir des éclats & des ports de voix misérablement placés. Je craindrois qu'à la fin nous ne perdissions tout-à-fait le bon goût ; car les défauts de nos Musiciens ne laissent pas d'avoir quelque chose d'agréable, & il est aisé de se familiariser avec eux, mais heureusement tout est mode en France. Peut-être que dans dix ans nous ne comprendrons pas comment nous avons pû souffrir une Musique dont nous sommes actuellement entêtés : voilà une nouvelle matiere pour grossir l'histoire de nos caprices.

Il faut, Madame, que je vous dise une pensée qui me vient actuellement à l'esprit. Peut-être la Musique des Italiens n'est-elle si

fort éloignée de cette fimplicité,
qui fait le principal caractére de la
nôtre, que parce que leur langue
comporte des fons plus cadancés
& plus libres que la Langue Fran-
çoife, qui ne reçoit point de tranf-
pofitions dans fes tours, & qui n'a
pas d'accent profodique. Je n'o-
fe approfondir cette idée, mais
ce qui me la fait naître, c'eft que
je remarque que la Mufique de
nos Motets eft toute différente
de celle de nos Opera, & que
tel morceau qu'on admire avec
des paroles Latines, feroit fouve-
rainement ridicule fur des paroles Françoifes. Quand cette remarque feróit propre à juftifier les
Italiens, on ne pourroit jamais
excufer ceux de nos Muficiens,
qui veulent tranfporter leur goût
dans nos Opera.

N.... cependant eft trop raifonnable pour ne pas convenir

que les Ariettes des Opera Italiens
font plus variées, plus harmonieu-
fes & plus chantantes que les nôtres. Il avoüe auffi que leur fimphonie en général a quelque chofe de plus piquant. Mais pour le
Récitatif & *l'Accompagnement*,
parties effentielles de l'Opera,
& aufquelles on diftingue le
grand Muficien, de l'Arrangeur
de fons, l'homme de génie, de
l'homme de routine, il s'opiniâ-
tre à n'en trouver de bons qu'en
France.

Le récitatif, dit-il, exige beaucoup de talens qu'on peut fort
bien ne point avoir, quoiqu'on ait
fait d'excellentes Sonnates. Avec
la connoiffance la plus profonde
de l'harmonie, un Muficien peut
n'être encore dans cette partie
qu'un écolier; il lui faut la délicateffe, e goût & le difcerne-
ment d'un *Baron* ou d'une *le Cou-*

rreur. Il doit étudier le génie &
le caractére de chaque Scene pour
en noter la déclamation , & ne
mettre dans la bouche de fes Perfonnages que les fons les plus convenables. Cela me rappelle, Madame , une penfée de l'Abbé de
Châteauneuf ; elle eft trés-judicieu-
fe , & je ne doute point qu'elle ne
vous faffe plaifir. Le (*a*) chant, dit-il,
qui eft fait fur des paroles , ne doit
être qu'une déclamation embellie
par les graces de l'harmonie , &

_____

(*a*) Comme l'Auteur de ces Lettres n'avoit
pas apparemment fous les yeux le Dialogue de
M. l'Abbé de Châteauneuf fur la Mufique des
Anciens , il s'eft contenté de rendre la penfée
de ce fçavant Abbé : voici fes propres termes.
*La Mufique faite fur des paroles , ne devroit
être qu'une déclamation chargée & ornée par
l'harmonie ; enforte que les tons de l'une & de
l'autre ne different qu'en ce qu'ils font portés avec
plus ou moins de force , & avec plus ou moins
d'agrément. Or vous m'avouerez que ce n'eft
que par cette fidélité à imiter la déclamation ,
(comme la déclamation doit imiter le fens des
paroles) que le chant peut parvenir à toucher
les paffions.*

ce n'eft que par-là qu'il peut aller juſqu'au cœur pour y remuer nos paſſions.

Il faut avoüer qu'avec notre goût ridicule pour les ornemens & pour le difficile , nous ſommes aujourd'hui bien éloignés de penſer ainſi. Pluſieurs de nos Opera nouveaux ſont pleins de contre-ſens groſſiers qu'on ne pardonneroit pas au dernier Comédien de Village. Un Perſonnage en faveur de l'harmonie éleve ridiculement la voix, lorſque ſa ſituation exige qu'il faſſe à peine ſentir quelque légere infléxion. Il y a peu de caracteres qui ne ſoient pas violés. Souvent, Madame, je vous ai vû témoigner beaucoup de chagrin contre des beautés qui attiroient les applaudiſſemens du Parterre: vous ſçavez que chaque Perſonnage a un ton qui lui eſt propre , & vous voulez appliquer au Mu-

ficien la régle qu'on a faite pour
le Poëte; c'est-à-dire, que l'un
ne doit.pas moins se garder que
l'autre de faire parler à toutes les
passions , & même aux personnes d'une dignité différente,le même langage. Il y a mille nuances
différentes qu'un homme de génie
peut seul saisir , & qui servent à
répandre sur sa Musique cette vérité, cette délicatesse & cette variété qui charment.

On se contente aujourd'hui d'une certaine expression grossiere ,
qui ne peut plaire à des gens de
goût : la colere fait toujours beaucoup de bruit ; on fatigue la poitrine de tous les Acteurs, les oreilles de tout le Spectacle, & les
mains de tout l'Orchestre. On appelle délicatesse; une certaine mignardisse de Chant , qui fait nécessairement perdre de vûë à tous
les Spectateurs la situation de leur

Héros. Un Muſicien croit aujourd'hui s'être ſuffiſamment aſſervi au Poëte, quand il n'aura point paſſé ſans badiner ſur un *Murmure* ou ſur un *Voler*, & qu'il ne laiſſera jamais prononcer le nom des *Oiſeaux*, des *Ruiſſeaux* & du *Tonnerre* ſans des roullemens imitatifs. Un homme raiſonnable, & qui ſonge plus au cœur qu'aux oreilles, néglige ſouvent ces agrémens frivoles. Il s'attache à rendre la penſée & le ſentiment d'un Vers, ſans vouloir faire une peinture des mots en particulier.

Notre Chevalier, Madame, n'eſt point du tout de ce ſentiment. Ce n'eſt pas-là ce que je trouve de fâcheux, mais c'eſt qu'il faut l'écouter, & que nous ſommes obligés de le ménager, car il eſt l'ame de nos Concerts. Il bat la meſure; il fait repeter à nos Dames leurs parties; il donne le ton;

il

il change de cent inſtrumens ; du
Violon il paſſe à la Baſſe de Vio-
le, pour prendre un Hautbois ou
un Baſſon, & dans un beſoin il
chante & s'accompagne du Cla-
veſſin. Vous voyez combien cet
homme univerſel nous eſt utile.
Avec tant-d'habileté, il faut bien
lui pardonner de regarder l'harmonie comme le principal dans
la Muſique. Il parle avec irrévé-
rence de Lulli. Jamais, dit-il,
vous ne me ferez concevoir que
de beaux ſons ſoient quelquefois
un défaut. Vos Anciens n'étoient
que des ignorans. Je veux bien
croire, ajoute-t-il, que votre Lulli feroit un grand homme s'il vi-
voit aujourd'hui ; mais, croyez-
moi, il étoit gêné par l'ignorance
de ſon tems, & faute de trouver
des gens exercés & capables d'e-
xécuter une Muſique plus ſçavan-
te, il n'a fait que des Chants ſim-

N

ples, qu'un Ecolier peut exécuter
après six mois de leçon.

Vous voyez bien qu'on peut
exterminer le Chevalier ; mais il
faudroit qu'il pût entendre raison,
& c'est avec la meilleure foi du
monde , qu'il prétend qu'il faut
beaucoup de génie dans un Musicien pour hazarder des intervall-
les bizarres. Il ne sçait pas que le
cœur est le juge de la Musique, &
parce qu'il a étudié les régles de la
Composition, il prétend avoir toujours raison : vous sçavez si c'est-
là un titre pour bien raisonner.

N.... qui est un admirateur aussi
sincere de Lulli qu'il étoit ennemi de Quinault, n'oublie rien de
ce qui peut contribuer à la gloire
de ce grand Musicien. Il nous
conte que dans une compagnie
de gens de bon goût on engagea
un jour la célébre le Couvreur à
lire les plus belles Scenes d'Atys.

Cette Actrice inimitable, nous dit-il, donna à tous les Vers de Quinault les mêmes tons que Lulli leur avoit donnés. On remarqua la même expreſſion, les mêmes inflexions, la même délicateſſe : je ne crois pas qu'on puiſſe faire un plus bel éloge de Lulli & de la le Couvreur

Il faut bien prendre garde à ce que dit N.... & ſçavoir l'arrêter à propos ; car ſon amour pour Lulli eſt toujours prêt à le rejetter dans ſes anciens préjugés, & il en reviendroit à croire que ſa Muſique fait tout le ſuccès des Opera de Quinault. Madame de C.... convient avec lui que plus on entend le récitatif de Lulli, plus on en admire la beauté. A la trentiéme repréſentation de ſes Opéra, on y découvre, dit-elle, des fineſſes admirables, & qui avoient échappé juſques-là ; mais aussi il faut convenir que Quinault étoit bien propre à échauffer le génie du Musicien. Lulli au contraire auroit beaucoup à souffrir aujourd'hui de nos Poetes. Quand le hazard les conduit à une situation touchante, ils la gâtent avec beaucoup d'esprit; & sous prétexte d'aider le Musicien & de le mettre à son aise, ils lui tendent un piége. Nous en avons, continuat-elle, un exemple dans le Ballet des *Ages*. Je ne sçais quel personnage désespéré entre sur le Théâtre pour y étaler ses douleurs, & le Poëte lui met dans la bouche un joli petit Madrigal.

Jardins fleuris, qu'arrosent cent Fontaines,
Bois que font retentir les Oiseaux amoureux,
Vous redoublez, hélas ! mon *désespoir affreux*.
Plus un séjour est doux, plus on y sent ses peines,
On veut me séparer de l'objet de mes vœux.
J'écoute avec regret sous ce paisible ombrage,
Ruisseaux, votre murmure, Oiseaux, votre ramage :

Tout devient des tourmens pour les Cœurs
amoureux.

Voilà , fi je ne me trompe ,
ajouta Madame de C.... des Vers
affez paffablement ridicules dans
la bouche d'un défefpéré , pour
que le Muficien eût été en droit
d'exiger quelque correction. Mais
point du tout, il eft charmé de
trouver une occafion de briller ,
& il eft auffi frivole dans fon Chant,
que le Poëte dans fes Vers. Cependant je vous demande fi un
homme peut vous intéreffer à fon
fort malheureux , quand le défef-
poir lui laiffe l'efprit & les organes
de la voix affez libres pour imiter le murmure des Ruiffeaux ou
le ramage des Oifeaux qu'il apof-
trophe?

Ce pourroient bien être nos
Poëtes, Madame, qui ayent commencé à gâter nos Muficiens. La
galanterie dans tous leurs ouvra-

ges a pris la place de la passion &
de l'amour. Des Scenes entieres
ne sont que de petits Madrigaux
recherchés & cousus les uns aux
autres. Les Personnages font as-
faut d'esprit ; tout ce qu'ils disent
est joli. Les Musiciens croiroient
être deshonorés s'ils n'avoient pas
autant d'esprit qu'eux. Ils brodent
leur Musique, ils courent après le
singulier, ils entassent ornemens
sur ornemens, & les uns & les
autres avec beaucoup d'esprit &
de peine, n'enfantent enfin qu'un
ouvrage fort peu sensé.

Les Partisans du goût nouveau
s'imaginent que le genre de Lulli
est épuisé, comme si la nature pouvoit l'être. Sans parler de plusieurs
Musiciens qui s'opposent avec succès au torrent du mauvais goût,
Campra, l'Auteur d'Issé & celui
de Jephté, dont les ouvrages seront immortels, n'ont-ils pas fait

voir le contraire ? Trouve-t-on
que Lulli se soit copié dans Armide ? Qu'il renaisse, & il fera
encore vingt Opera nouveaux &
très-variés. Vous n'en douterez
point, Madame, vous à qui j'ai
entendu dire que les gens de génie ne se copient jamais ; parce
qu'ils voyent mille différences sensibles, où les hommes ordinaires
ne découvrent qu'un même objet. Qu'on s'attache à rendre la
nature & à la copier avec fidélité,
& on deviendra aussi riche & aussi
varié qu'elle : il n'y a que l'esprit
qui s'épuise.

N.... nous auroit éternellement entretenus des Récitatifs de
Lulli, si Madame de S.... ne
l'avoit interrompu pour lui demander quel étoit le sentiment des
Anciens sur l'Accompagnement.
Dites-moi bien du mal, lui dit-

N iiij

elle, des Accompagnemens de nos Opera nouveaux. Je les dé-teste; c'est un vacarme affreux; ce n'est que du bruit, on en est étour-di. Toutes les voix font couver-tes par l'Orcheftre; & comment veut-on que je ne m'ennuye pas à un Opera dont je ne puis entendre un feul mot?

Je vous affûre, Madame, que N.... fit bien fa cour à Madame de S.... il nous dit des chofes très-raifonnables fur le goût des Anciens; & Lulli, continua-t-il, qui vrai-femblablement les égale dans cette partie, avoit penfé que l'Accompagnement, comme fon nom même l'indique, n'eft fait que pour foutenir la voix, pour lui don-ner de la grace & de la force, & qu'un Accompagnement n'eft vé-ritablement admirable que quand le Spectateur, ni faifant pour ainfi dire pas attention, en eſt cependant plus ſenſible (*a*) aux charmes de la voix. Ce n'eſt que de nos jours qu'on s'eſt aviſé de faire de ces Accompagnemens tumultueux, qui détruiſent l'illuſion ſur le Théâtre, & que malgré leur harmonie, on ne devroit pas même ſouffrir dans nos Concerts.

Il eſt vrai, repartit Madame de S.... que ſi l'on ſe contente d'avoir du goût & du bon ſens l'on penſe de cette maniere; mais je ſuis fâchée que nous n'ayons pas de notre côté les Sçavans. Ils admirent

_____

(*a*) *Il eſt certain que dans la Muſique vocale, les Anciens préféroient le chant ſimple au chant compoſé, & que, hors la Muſique inſtrumentale, ils n'employoient celui-ci que très-rarement. Pourquoi, demande Ariſtote dans ſes Problêmes, ſommes-nous plus touchez d'une voix accompagnée d'une ſeule Flute ou d'une ſeule Lire, que ſi elle etoit accompagnée de pluſieurs? C'eſt, répond-il, que la quantité d'inſtrumens offuſque le chant, & empêche qu'il ſoit diſtinctement entendu.* Dialogue ſur la Muſique des Anciens.

ces Accompagnemens bruyans, ils les mettent à la mode, ils difent que cela eft travaillé. Ils ont raifon, repliqua N.... d'admirer le travail de ces Accompagnemens, comme on admire dans la Phédre de Racine le travail du récit de la mort d'Hyppolite. Mais ils devroient avoir affez de goût pour les condamner, comme on condamne le récit de Teraméne, auquel on voudroit fubftituer quelque chofe de fimple, de court, & qui convînt à la profonde triftesse d'un Gouverneur qui vient de voir périr fon éleve, & qui en apprend la funefte nouvelle à fon pere.

Le Chevalier ne fut pas extrêmement fatisfait de cette réflexion; & quelque difficile qu'il foit de déviner fur quels motifs peut être fondée fon apologie des Accompagnemens nouveaux, je vous

fais grace de fes raifonnemens.
Je craindrois qu'ils ne vous fiffent
perdre patience, comme à N....
qui n'y pouvant plus tenir, Non,
Monfieur le Chevalier, lui dit-il,
vos Muficiens ont raifon; je ne
les blâme point; je voudrois que
leurs Accompagnemens fuffent
encore plus bruyans; je les approuve fort. Mais je blâmerois
Lulli s'il en avoit fait autant, parce qu'il auroit étouffé un Chant
qui mérite d'être entendu.

N..... fit bientôt fa paix avec
le Chevalier, en permettant aux
Muficiens de prodiguer toutes les
richeffes & tous les agrémens du
Chant dans les Fêtes qu'on a coû-
tume d'introduire à chaque Acte
d'un Opera. Comme les Acteurs
qui viennent alors chanter des
Ariettes & des morceaux déta-
chés, font fenfés ne pas parler fur
le champ, ainfi que les autres Per-

fonnages, mais avoir appris un
Rôle qu'ils viennent chanter à
l'occasion d'une victoire, d'un Sa-
crifice, d'un Tournois ou d'un
Mariage, le Muficien peut étaler
tous les charmes de fon art. Le
bon fens lui permet de fe donner
une libre carriere, pourvû cependant que fes Chants ayent toujours un caractére, qu'une Fête
de Bergers ait un air champêtre,
& que la joye d'une troupe de
Soldats foit différente de celle
que goûtent des Nymphes & des
Dieux.

Un Muficien peut encore prendre bien des libertés dans fes morceaux de fimphonie; mais N.....
ne peut fouffrir qu'ils ne difent
rien, qu'on fonge à les rendre bizarres, ou qu'en faveur de l'harmonie on leur donne un caractére
tout différent de celui qu'ils devroient avoir. Que diroit-on d'un

Muſicien aſſez mal-adroit pour faire danſer un Tambourin par des Prêtres, tandis que ſes Bergers ou ſes Matelots danſeroient ſur un ton grave? Rien encore ne ſeroit plus ſingulier que de mettre une Ouverture gaye à une Tragédie. Ce morceau doit annoncer le caractére de l'action qu'on va repréſenter. Les Tragédies de Quinault doivent avoir de la majeſté, & je me trompe fort, ou la Nobleſſe qui régne dans l'Ouverture de *l'Europe Galante* & des *Fêtes Grecques & Romaines*, ſeroit déplacée dans celle des *Fêtes Venitiennes* & *du Carnaval & la Folie*, dont la gayeté doit faire le caractére.

Ce ne ſeroit jamais fait, Madame, ſi je voulois vous rendre un compte exact de tout ce qui s'eſt dit ſur cette matiere; elle eſt inépuiſable. Les *Duo*, les *Trio*

ont fait naître de grandes con-
teftations. Madame de S.... veut
les conferver , & N.... qui ne
goûte de plaifir que quand fa raifon eft fatisfaite, veut impitoya-
blement les renvoyer aux Fêtes.
N'y auroit-il point d'accommode-
ment à leur propofer? Je fçais bien
qu'un Duo ne paroît guére natu-
turel, & que dès qu'il renferme
plus d'un Vers ou deux , il y a
quelque chofe de trop concerté
où l'on découvre un art qui déplaît. Mais il y auroit trop de ri-
gueur à ne vouloir pas fouffrir
que dans certaines circonftances
un Spectacle ne s'élévât pas de
quelques degrés au-deffus du naturel; & comme on s'eft fait une
raifon fur les Monologues & les
à parte, ne pourroit-on pas paffer
auffi les Duo en faveur du plaifir
qu'ils donnent dans de certaines
occafions où ils répandent tant

de chaleur, & font fi propres à
intéreffer ?

Tel eft, à mon gré, le beau
Duo d'Admete & d'Alcefte, lorf-
que ces deux Amans fe difent un
éternel adieu, après qu'Alcide a
ramené Alcefte des Enfers.

ALCESTE ⎱
ADMETE ⎰ Il ne faut plus nous voir,

D'un autre que ⎰ de moi votre fort ⎱ doit dé-
⎱ de vous mon deftin ⎰ pendre.
Il faut dans les grands Cœurs que l'amour le plus
tendre
Soit la victime du devoir.

ALCESTE ⎱
ADMETE ⎰ Il ne faut plus nous voir.

Peut-être me trompai-je, Madame ; mais il me femble qu'Alcefte & qu'Admete en fe parlant
ainfi à la fois, font une impreffion bien plus vive fur mon cœur,
que fi Quinault avoit fuivi la méthode ordinaire du Dialogue. Il

eſt même aſſez naturel que deux
Amans dans un pareil moment,
où ils ne ſentent que leur malheur
& ne ſont pleins que de leur paſſion, ſoient emportés par le ſentiment ſans ſonger aux bienſéances. Il n'eſt point ſurprenant que
deux Cœurs unis par l'Amour
ayent la même penſée, & qu'ils
employent même les mêmes expreſſions. Si je trouve un défaut
dans ce Duo, c'eſt qu'Admete
n'ait pas prononcé ſeul ces deux
Vers,

Il faut dans un grand Cœur que l'Amour le plus
   tendre
      Soit la victime du devoir.

Cela a un air de maxime qui
n'a rien d'aſſez vif pour former un
Duo; je vous le dis en paſſant,
Madame, je ſuis fâché que Lulli
n'ait pas donné à ces deux Vers l'expreſſion du déſeſpoir qu'il n'auroit
                 pas

pas manqué de leur donner, si Quinault s'étoit exprimé de cette maniere ;

Faut-il dans un grand Cœur que l'amour le plus tendre
      Soit la victime du devoir !

Tout ce morceau en auroit été plus animé, & je ne voudrois point vous répondre qu'Admete & qu'Alceste ne m'eussent arraché des larmes, en reprenant ce Vers,

ALCESTE ⎫
       ⎬ Il ne faut plus nous voir.
ADMETE ⎭

Comme il s'en faut bien que le Duo d'Idas & de Doris produise le même effet dans le troisiéme Acte d'Atys, je ne serois pas à son égard plus indulgent que N... je pardonnerois encore moins dans la même Tragédie le Duo

O

éternel du cinquiéme Acte ; on y
perd patience. Quand Célénus ne
manqueroit pas de respect à Cybéle en parlant en même tems
qu'elle , il n'y a point de hazard
assez singulier pour combiner les
choses de façon, que ces deux
Personnages se servent précisément , & pendant si long-tems ,
des mêmes expressions pour ex-
primer les mêmes pensées. C'est
aussi un vrai prodige qu'Atys &
Sangaride semblent s'être donné
le mot pour faire constamment
les mêmes réponses. L'art dans
tout cela se montre d'une maniere trop évidente ; il déplaît, il lasse ,
& je n'ai vû personne qui n'en fût
choqué.

Je ne puis finir , Madame, sans
me plaindre de la décadence de
notre Musique ; si je prenois le
ton de N.... je ferois des Ele-
gies qui vous toucheroient. Le

goût que nous avons pour le difficile, eft une bizarrerie des plus
fingulieres, & je ne conçois pas
comment le gros des gens du
monde qui ne jugent point de
leur plaifir par les difficultés fur-
montées, ne corrigent pas nos
Muficiens. Le Chevalier nous
exécute fur le Violon des Sonnates qui n'ont ni caractere, ni
harmonie. Il ne réveille en moi
aucune paffion; ce ne font pas
même mes oreilles qui font flat-
tées, & fi je goûte quelque plaifir,
l'auriez-vous deviné, Madame ?
C'eft un plaifir des yeux. Je puis
à peine fuivre fa main fur le man-
che de fon inftrument. C'eft une
légereté qui m'éblouït, il mul-
tiplie en quelque forte fes doigts.
Mais fa Mufique n'a point de ftile;
l'oreille ne fe repofe jamais; ce
font toujours des tons inattendus;
tout va par bonds & par fauts;

tout eſt aigre & eſcarpé. Quand il
fera décidé que la Muſique eſt faite pour le plaiſir de la vûë , je
ne manquerai pas de donner de
grands éloges au Chevalier & au
Compoſiteur dont il nous exécute
les piéces.

Ce mauvais goût fait négliger
la nature ; le noble , le grand , le
majeſtueux ne peuvent s'aſſocier
avec lui , & il farde les graces
ou les détruit. Je compare cela à
la manie de nos Anciens Poëtes
pour les Acroſtiches & les Ron-
deaux. Je craindrois que cette
maladie ne durât , ſi Madame de
C.... ne m'avoit fait eſpérer quelque changement. Nos Muſiciens,
dit-elle, à force de courir après
le difficile, parviendront heureu-
ſement à ne pouvoir plus exécuter
Lulli. Ce grand homme rentrera
alors dans ſes droits ; en qualité de
Muſicien difficile il plaira ; & l'ex-

cès de nos folies nous ramenera
au bon goût.

J'en accepte l'augure, & j'attends ce moment avec autant d'impatience que Madame de C ...
pour qui la Musique la plus difficile & la plus harmonieuse n'est
que du bruit dès qu'elle est sans
expression. Encore deux ou trois
Opera aussi admirables que ce
chef-d'œuvre qui a été tant vanté,
& qui nous a tant fait bâiller, &
nous voilà dans le bon chemin.
Mais ce n'est pas assez pour qu'on
puisse se flatter de voir paroître
d'excellens Opera. Notre bonne
fortune a fait naître à la fois un
Quinault & un Lulli. Reverrons-
nous encore le même hazard? Je
crains bien que de mauvaises paroles ne fassent souvent échoüer un
grand Musicien, & qu'une Musique misérable ne fasse siffler de
bons Poëmes.

N.... voudroit bien me faire ajoûter ici quelques-unes de fes maximes fur la variété & fur la délicateffe qu'un Muficien doit répandre dans fes Compofitions. Madame de C..... eft auffi très-fâchée, qu'en dépit d'Ariftote, qui dit que les Décorations font partie de la Tragédie, je ne vous en parle pas, & qu'après avoir dit tant de mal des Italiens, nous n'ayons pas faifi cette occafion de les loüer & de nous reconcilier avec eux. Ce procedé feroit fans doute fort honnête ; mais on me preffe de finir, & le Courier qui doit vous rendre cette Lettre, eft déja à Cheval. Je n'ai que le tems de vous affûrer du profond refpect avec lequel je fuis, &c.

Fin de la Quatriéme & Derniere
Lettre.